မြန်မာပြည်တစာအုပ်

緬甸 詩人 的 故事 書

BURMA STORYBOOK

佩特·洛姆，柯琳·馮·艾禾拉特，欽昂埃——編
罕麗妹，廖珮杏——譯

獻給

緬甸的詩人朋友及熱愛自由的你。

目錄　မာတိကာ

緬甸會傷人

二〇一八年一月我在泰緬邊境金三角地區的大其力
（Tachilek）與景棟（Keng Tong）採訪，蒐集報導資料時，
接到詩人山佐兌因末期肝癌過世的消息。

緬甸至今仍是全世界第二大罌粟種植國，金三角因當地武裝
組織與毒梟，長年收購鴉片、製造、運銷海洛英與價廉容易
取得的合成毒品，而惡名昭彰。

這是我第二次以採訪為目的進入緬甸，但二〇一七年卻是緬
甸新聞界風聲鶴唳的時刻。多名記者被以各種罪名逮捕拘
禁，包括同年十二月路透社的緬甸籍記者因採訪緬甸國軍集
體屠殺羅興亞人事件，被以違反國家機密法入罪，面臨十四
年有期徒刑。

而我停留的景棟，是鄰近中國與泰國的軍事及交通要衝，同
時也因壯麗的自然景觀與少數民族風情，成為外國人喜愛的
健行勝地，但周遭密佈的軍營與軍事檢查哨，說明了緬軍與
少數民族武裝組織間緊繃對峙的情勢。在這國家權力難以完
全掌握的地區，包括入住旅館、出城健行、購買車票，每一
個外國人的行動，都要通報當地政府機構。

少有台灣人的景棟，我持的台灣護照，短時間多次進出，顯得特別醒目。

我開始回想所有接觸過的人，談過的話，懷疑任何一句試探性的對話，自以為的善意協助，不經意地卸下防備，在敏感時刻看來，都是對人的過於信任。畢竟我來自自由的台灣，對一九八七年終結的戒嚴，於我印象模糊，而台灣也在三〇年內，幾乎洗盡了戒嚴時期的記憶。

我想起了詩人山佐兌。他的疾病來自於十三年的漫長政治監禁，未能獲得妥善治療。刑期起於一九九九年的告密，而告密者一直被認為是同路的民主異議人士。山佐兌在二〇一二年緬甸廢除出版審查那年，獲得特赦出獄。

於是，我徹夜清理、掩藏筆記、照片、電腦資料——任何可能惹上麻煩的事物。我開始自我審查。

以為自己瞭解一九六二年緬甸軍事強人政變奪權，半世紀的鎖國、極權統治、情治偵防的背景，都僅是霧裡看花，隔絕著民主社會的自以為是與傲慢。

那一夜，景棟大停電。闃黑的城市，是一座蟄伏環山間的死城，和我對人的信任的徹底崩潰。

進出緬甸五次，這個讓人從熱愛、憤慨到迷惑的國度。夜裡我以僅存的手機電力和龜速的網路，向台灣朋友發了訊息：

「緬甸會傷人。」

相對過去半世紀,持續以自由和生命為代價,透過文字挑戰威權的人們,我只是個驚懼卻步的外國人,終於理解何謂自我審查、思想箝制、讓人噤聲的威脅。

寫作者的自我審查是言論自由的內在崩解;人與人間的互相懷疑與監視,是文明的潰壞。

◆

一九六二年,緬甸軍事強人尼溫(Ne Win),建置綿密的情治與監控系統,維護政治權力的絕對穩定,其中包括了出版審查。

被稱為緬甸預言者的英國作家喬治歐威爾(George Orwell,一九〇三-一九五〇),在〈文學與極權主義〉一文表示:「**文學如果不能真實地表達人們的想法與感受,它便一無是處。**」「**想像力就像野生動物一樣,無法存在於獸欄之中。**」

緬甸作家、詩人、歌手、記者與編輯因應審查制度,發展出與審查委員會周旋的技巧,在出版品巧妙地置入諷刺、控訴現狀與對和平的期待。

比如,詩人百在〈上帝的舞廳〉以集體一致的舞步,形容獨裁統治國家中不能有歧異於領導者的思想,這首詩放在當今

北朝鮮，同樣適用；**「將美人蕉種子串成念珠戴在頸上的貓 / 跟著保鑣們一起搭乘電梯走上佛塔 / 貓的靴子們還在佛塔管理委員手裡。」**詩人韓林巧妙地把軍事獨裁者比喻為貓，保鑣則是軍人，受緬甸民眾敬愛的僧侶成了佛塔管理員。韓林透過詩句，諷刺獨裁者為了取得僧侶的認同，確保統治地位而「虔誠地」禮佛。

讀者也習於報章雜誌中被塗黑的段落、莫名的空白、缺少的內頁，那是未通過審查委員會而被匆忙抽出，或來不及重新印製，同時也代表國家不想讓人民知道的事實。

而敏銳的讀者也能發覺出版品中「沒被寫出的」。研究喬治歐威爾生平的美國記者艾瑪・拉金（Emma Larkin），在一九九〇年代訪談緬甸當地人，他們帶領她如何透過生活觀察：「當某個主題從新聞中消失時，你幾乎可以確定那個領域一定出了問題。」例如，銀行出現危機，緬甸最重要的財經雜誌卻報導絲質籠基的染料。

軍政府自認足以截斷資訊的傳遞，但文字工作者與閱讀者的默契，卻是極權統治下的文字共舞。

但如此艱難隱晦的共舞，仍有其極限。緬甸數次以血腥鎮壓結束的抗爭事件，多由大學生發起，壓抑高等教育也成為軍政府維持社會穩定的手段：沒有理由的停課，總是中斷的學業，流於強記背誦教育模式，愈來愈少讀者能瞭解書寫者的

精心安排。

詩人颯雅林說：「緬甸的教育系統之所以缺乏創意寫作（creative writing）課程，某部分要歸咎於，今日大部分的讀者都希望讀一些『清楚』、『直白』、還要『承載訊息』的詩，或是常常讀一些平庸之作。」

「我們將我們想說的話藏在隱喻的背後，但是越這麼做，就越少人會讀我們的詩。詩與文學作品，就會限縮在『同溫層』之間，最終讓緬甸的文學生命走向衰落之途。」詩人同時也是記者的蜜，如此說道。

◆

在軍方的支持下，新任總統登盛（Thein Sein）於二〇一一年開始推動政治與經濟改革，緬甸結束半世紀的鎖國。二〇一二年廢除出版審查制度，特赦政治犯。

不論是基於國際制裁的壓力，抑或憲法高度保障軍方權力的基礎下，軍政府開始對國際招手，從外資、外媒、觀光客，乃至網際網路、Facebook、YouTube 與 Twitter 等。銳不可擋的資訊自由傳播與民主趨勢，軍方在二〇一五年的大選落敗，與軍事強人周旋抗爭數十年的翁山蘇姬（Aung San Suu Kyi）及其所屬政黨，贏得國會過半席次。二〇一六年緬甸正式政黨輪替，軍政府的時代落幕。

但對詩人與文字工作者而言，真的可以自由地書寫嗎？

「現在已經不需要等好幾個月，就只為了審查批准，你隨時都能出版……。你可以出版任何書。但是，如果你出版了可能冒犯到人的書，你可能會被起訴。」詩人莫偉說。

以詩諷刺緬軍，質疑和平進程的詩人郭覺諛奈（Ko Kyaw Zwa Naing），與其弟《The Voice》總編輯礄明穗（Kyaw Min Swe）在二〇一六年六月以誹謗軍隊罪名遭到逮捕，被監禁二個月餘；同一時間，《The Irrawaddy》的勞偉（Lawi Weng）、《Democratic Voice of Burma》的埃奈（Aye Naing）與別朋昂（Pyae Pone Aung），在採訪少數民族武裝組織銷毀毒品的公開活動途中，因目睹被槍殺的緬軍軍人，被控違反「非法組織法」，和武裝組織接觸被捕，直到九月才被釋放。

《Myanmar Now》的主編郭瑞溫（Ko Swe Win），因在Facebook上批評佛教激進主義、抵制穆斯林的代表——威拉杜（U Wirathu），被以污辱國家宗教入罪；同年十二月，路透社的緬甸籍記者瓦農（Wa Lone）和礄索吳（Kyaw Soe Oo），與軍警會面並取得文件後，遭到逮捕，理由是非法持有國家機密。而路透社也公布他們在若開邦的採訪——羅興亞人遭到緬軍與佛教徒集體屠殺，掩埋於集體墳場，這是自羅興亞人難民爭議爆發以來，首次被公布的屠殺事件。

不需再應付審查委員會的詩人百說：**「現在在民主政府的統**

治下，我有言論自由。然而現實生活中，它並不存在。在審查制度的時代，一旦他們核准了你的作品，那就是沒問題了，之後不會再有追究。然而現在，你可以自由寫作，他們則可以隨時因為你寫的東西逮捕你。」

不只書寫，包括知道太多的人，都可能被以任何理由入罪。軍人在制度與政治實力上仍是緬甸的主導者，包括外界臆測的，翁山蘇姬儘管執政超過兩年，依舊難以控制軍方。

但還是要繼續寫詩與讀詩。「**當我們感受到惡習、不公平、還有欺凌是什麼。我們同理那些被壓迫的人。然後開始習慣從被壓迫者的觀點去寫作。**」詩人貌必明說。

至今仍被監禁的記者瓦農，在二○一八年二月的審判庭外，對媒體表示：「**我是一個記者，我從來沒有做錯事，我會試著勇敢。**」

從舊時代的紙筆，現在的電腦、手機、網路與相機外，帶著害怕的勇敢，一直是緬甸文字工作者的標準配備。

「**在牢裡，他們不讓我們寫詩，但我們還是會把詩寫在地板上，或是用朗誦的方式創作詩，然後把詩默記在心裡。你不可能禁止得了詩。詩永遠都在我們心中。**」詩人山佐兌在生前的訪問說到。

一九四八年，喬治歐威爾在諷刺極權主義的小說《一九八四》

寫下，「除了你腦殼裡裝的那幾立方公分的東西之外，你身上的一切並不是你自己的。」他的預言從七〇年前，直到現在，一直都在。

而如果寫詩能讓靈魂自由，那就寫吧；如果讀詩能讓人哀傷的微笑，那就讀吧。儘管**「能夠熬過獨裁統治，熬過如此糟糕的時代本身就是一首詩。」**詩人昂稱說。

糟糕的時代，似乎還沒走到盡頭，如幽暗漫長的隧道，遠端的自由光亮，總是遙不可及。

期盼自由與和平的詩

在仰光，距離唐人街約莫十分鐘車程的不遠處，大金塔，一座壯觀的宗教古蹟自地平線隆起，盤踞在仰光街頭，在日光下替仰光這個緬甸最大城市的天際線帶來耀眼奪目的金色。儘管被這座象徵緬甸文化的古蹟所照看，緬甸街頭隨處可見的歐式民宅，則經常讓人誤以為自己置身在某個歐洲國家的城市。

在邊境的少數民族地區，則是另一番景象。基礎建設不足，民族武裝團體和政府軍數十年內戰所埋設的地雷，造成許多傷殘人士。緬甸北部克欽邦、泰緬邊境位於泰國境內，則總共有超過十萬的難民流離失所，不知何時可以返歸家園。

城市中隨處可見的歐式建築、少數民族地區的武裝衝突和流離失所，可以從歷史找到答案。

由戰爭開啓的緬甸歷史

現今被稱為緬甸的土地，曾經有過許多不同的、甚至敵對的王國與部落。直到緬族人的束吁王朝（Toungoo Dynasty）成功向外擴張版圖，現今東南亞地圖上的緬甸，才逐漸成形。儘管如此，當時的統治者並未完全直接治理國土，而是

以同心圓的方式分成三個區域；核心地區由王朝直轄、中間地區是國王任命的行政官員治理、邊緣地區則由山區各民族的土司或部落自治。一七五二年，同樣是緬族的雍笈牙（Alaungpaya）創立貢榜王朝（Konbaung Dynasty）取代東吁王朝。從一七五二年到一八八五年，貢榜王朝統治者統一全緬甸，建立大一統的國度。然而，貢榜王朝在這段期間與英國發生三次戰爭，均以失敗告終。其中，一八八四年到一八八五年的第三次英緬戰爭，緬甸的末代國王錫袍（Thibaw Min）被推翻。隔年，英國宣布緬甸為英屬印度的一個省，開啟日後六十二年的殖民時期。

英國以「分而治之」的方式治理緬甸。英國政府將緬甸分為緬甸本部（Burma Proper）與邊疆地區（Frontier Areas）兩個行政區；緬甸本部的範圍約略等於緬族王朝時期的核心地區和中間地區，由英屬東印度公司直接管理，邊疆地區則與邊緣地區的範圍大致相符，仍由當地諸民族自治。這種將緬甸大地劃分不同行政區的治理方式，讓少數民族的傳統制度得以延續。例如，克倫尼族（Karenni）的 Sawbwas、撣族（Shan）的 Duwas 等由各部落土司組成、類似現代邦聯（confederation）的政治制度因此被保留下來。另外，英國則由英屬印度輸入大批印度勞工，他們其中成為經濟上的買辦階級，部分擔任苦力。

緬族王朝統治緬甸大地期間，邊緣地區的民族經常處於被壓

迫的狀態。例如派遣軍隊攻打當時的泰國，軍隊總是強迫居住在兩個王國交界處的克倫族人運送物資，或沒收他們的房舍做為軍營。因此三次英緬戰爭期間，邊緣地區有許多非緬族的族群幫助英國，攻打緬族王朝。英國殖民緬甸後，為了感謝非緬諸族，並鼓勵他們效忠英國，遂甄補至軍、警等象徵國家暴力的機構。當然，英國人明瞭緬族人也必須被甄補入殖民政府，以免因為國王被趕走而反抗英國的治理。不過，緬族人大多數是在遠離權力的行政部門任職。

緬甸獨立

二次世界大戰期間，日本允諾緬族人民，只要幫助日本將英國人趕走，就協助緬族人重建統一的獨立國家。受到日本允諾的激勵，當時緬族菁英所組成的緬族協會（We Burmese Association, WBA）便與日本合作，接受日本的軍事訓練，組成聯軍將英國殖民政府趕出緬甸歷史舞台。然而，日本的允諾並未實現。將英國趕走後的緬甸，只獲得一個由日本控制的傀儡政權。緬族協會菁英發現受騙，便於一九四四年組成反法西斯人民陣線聯盟（Anti-Fascist People's Freedom League, AFPFL），轉而與英國人共同對抗日本人。

當緬族協會菁英協助日本攻打英國時，眾多非緬民族擔心，一旦緬甸在日本扶植下成為一個緬族掌權的獨立國家，他們會再次淪為被壓迫者，因而與英國合作，對抗緬族和日本的

聯軍。對緬族來説,非緬民族的選擇,無異於殖民者的同路人。雖然日本被擊潰,反法西斯人民陣線聯盟並未放棄追求緬甸獨立。當時,反法西斯人民陣線聯盟是緬甸境內擁有最強大武裝的團體。一九四五年五月十七日,英國發布一份白皮書,聲明將給予緬甸自治權,如同加拿大和澳洲一般,成為大英國協的一部分(不過邊疆地區則因政治發展落後,英國將繼續管理該地區,等到該地區人民願意成為緬甸自治政體的一部分時,才將他們納入緬甸自治體。)這份白皮書,被視為拒絕恢復緬族大一統榮耀而不被反法西斯人民陣線聯盟接受。

一九四七年二月十二日,反法西斯人民陣線聯盟領導人翁山,前往現今的撣邦彬龍鎮(Panglong)與少數民族商議,承諾一旦緬甸獨立,少數民族的權利將獲得保障:「我們賺取緬幣一元,你們同樣會賺取緬幣一元」,邊疆地區就內部事務將有完全自主權,並與少數民族共同簽署《彬龍協定》。遺憾的是,翁山於一九四七年七月十九日遭暗殺。雖然根據彬龍協定所制訂的憲法,可以保障某些少數民族的政治地位,例如:撣族和克倫尼族加入緬甸聯邦十年後,能自行決定是否脫離;克欽族享有一個不具有脫離緬甸聯邦權利的自治邦等。儘管如此,少數民族們仍擔憂再次淪為被奴役的對象,而在一九四八年緬甸獨立後陸續拾起槍桿抵抗政府。

軍政府時期

一九六二年，尼溫（Ne Win）以維護國家統一為理由，發動軍事政變，凍結憲法，開啟日後超過四十年的軍事獨裁。一九六六年，尼溫啟動聲名狼藉的「四斷策略」，切斷反抗組織和民間的糧食、資金、人員甄補和情報提供，徹底打擊少數民族的武裝力量。為了遂行四斷策略，尼溫及之後的軍事政權，搶奪少數民族村莊的糧食並燒燬稻作、沒收村莊財產、強迫遷村至政府軍可以看守之地，以及殺戮任何被懷疑提供情報的平民。這種被視為極端焦土策略的軍事行動，甚至在緬甸展開政治轉型的今天，仍不時可見。

除了迄今未歇之少數民族和政府軍的武裝鬥爭，一九六○年代末期到一九八○年代，緬甸北方那個曾在歷史上自稱為天朝的巨龍──中國──透過對東南亞輸出共產革命，提供軍事、政治、經濟援助予緬甸共產黨，協助成立緬共東北軍區，並以之為基地，發動對緬甸政府的軍事行動。中國因為推動改革開放政策，在一九八○年代中止對緬共的援助。只是，中止援助緬共，並未因此停止前緬共東北軍區和緬甸政府的軍事對立。例如，二○一五年發生的果敢衝突，其中的果敢同盟軍就是緬共東北軍區的成員；緬甸北部克欽邦武裝部隊的部分領導人，也曾是緬共成員。

一九八八年八月八日，學生走上街頭要求實行多黨制，他們認定軍事執政團的單一政黨領導，造成緬甸發展停滯不前。

軍事執政團武力鎮壓學運，超過三千人遭殺害。鎮壓事件並未撼動學生追求民主的信念，他們隨後組織全緬甸聯邦學生聯盟（All Burma Federation of Students' Union, ABSFU）。在一場學生舉辦的活動中，翁山的女兒翁山蘇姬甚至現身演說。翁山帶領緬甸追求獨立的榮耀，成為翁山蘇姬的光環，讓軍事政府不敢強力鎮壓她所現身的民主運動，反令軍事執政團允諾在一九九〇年舉行多黨選舉以還政於民。

一扇邁向民主、終結內戰的大門，似乎就此開啟。然而，軍事執政團對翁山蘇姬領導的全國民主聯盟（National League for Democracy, NLD）在大選中贏得百分之八十三的選票感到震驚，他們表示選舉舞弊，必須重新制定憲法才能還政於民，進而軟禁翁山蘇姬。這扇大門，隨之嘎然關閉。二〇〇三年，軍事政府提出「民主路線圖」。他們承諾，依照民主路線圖，緬甸的民主進程有七個步驟——再次召開國民大會、思考可以獲致規訓民主（disciplined democracy）的所有方式、依照國民大會所訂定的原則，起草憲法細節、舉行公民複決以通過憲法草案、依照憲法舉行公平選舉以組成國會、依據憲法，召開國會、以及選舉國家元首，組成新的現代民主國家。

二〇〇八年四月，緬甸新憲法公民複決委員會宣布新憲法制訂完成，該年五月一日對《聯邦共和國憲法草案》進行全民複決。二〇一〇年，緬甸舉行新憲法公布後的首次大選，正

式將國家權力交予一個由「退伍將領」組成的政黨。

希望的曙光

雖然緬甸自獨立後就陷入內戰，並經歷四十多年軍事獨裁，
文學的發展並未因而一蹶不振。相反地，軍事政府對文學的
嚴格審查，讓文人們不斷尋找可能的縫隙，透過文字作品表
達對社會的關懷、對政治的批判，以及對緬甸未來的期盼。
就如同本書中一九七四年出生的詩人潘朵拉（Pandora）所說：
「箝制得了人生，卻禁錮不了充滿創意的靈魂。」社會的壓迫，
迫使藝術家和文人尋求更有創意的方式表達他們想說的話。
例如，貌必明（Maung Pyiyt Minn）在這本詩集中告訴我們，
軍事獨裁時期，「母親」或「紅色」會被視為影射翁山蘇姬，
詩作中若有這兩個詞，就可能被查禁。為了讓詩作順利出版，
詩人們必須想方設法以其他字詞替代。如果無法替代，出版
作品的雜誌可能就需要抽掉含有違規內容的書頁。此時，若
讀者看到一本雜誌缺了頁，就知道發生什麼事情。

詩人也曾透過一些技巧，躲過審查的監管。貌玉百（Maung
Yu Pye）寫過的科幻諷刺詩〈在一片冰原底下〉，描述我們
的存在以及多元種族的歷史，交織著許許多多系統性的相互
壓迫，彷彿所有人都被巨大的冰層層蓋壓，成為一座冰山。
這個冰山暗示了我們半死不活的存在，但因為靈感來自一部
科幻電影而通過審查，順利出版。

另外，由於深受戰爭影響，導致那種浪漫的人文關懷和反叛精神，以及同理受迫者、從受迫者觀點書寫作品，都是緬甸諸多詩作的共同精神。著名歌詞創作家，同時也是當代緬甸最偉大詩人之一的杜克門萊（Thukhamein Hlaing）誕生於緬甸獨立的一九四八年。成長期間深受緬甸歷史影響，他發現當代重要政治人物承襲了相互摧毀的政治文化，彼此間充斥不間斷的內鬥、陰謀與背叛。他選擇透過詩作表達，就如同他這首沒有標題，只有兩行的詩：

我來到這個無能為力的世界，

我用盡了全力去奮鬥。

出生於緬甸獨立前的貌昂賓（Maung Aung Pwint）走訪少數民族區域，發現少數民族遭受政府軍的折磨，甚至政府軍利用性侵做為恫嚇少數民族的武器，不僅讓他以同理心將少數民族的苦難寫入詩作，也參與反政府報紙的發行，製作軍事政權犯下人權侵犯事件的紀錄片，希望藉此帶來改變，而和平則是他心中最深的渴望。

緬甸是一個男性社會地位高於女性的國家。在文學作品中，女性向來是被描述的對象，而不是創作者。女性經驗、女

性對大自然、家庭或鄉愁的反思，在緬甸文學中往往處於邊緣位置。或許源自成長年代的不同，年輕一輩的女性詩人，她們的作品，更關注性別不平等、女性的自我期待等議題。一九九一年出生的美瑞（Mae Yway），在〈20 歲還要加 1 的她〉中的詩句寫到**「不要想著將我與一般穿著熱褲圍著鋼管跳舞的馬子們混為一談」**，充分挑戰了緬甸男性對女性所投注的性別意象。

二〇一五年，新憲法公布後的第二次大選，翁山蘇姬領導的全國民主聯盟取得執政地位。社會一片開放之聲。不僅軍事獨裁時期由異議人士組成的海外流亡異議媒體紛紛回到仰光，在仰光或曼德勒這些大城市，街頭巷尾議論政治也不再是禁忌。自由的空氣，取代了過往的恐怖大氣。文學中的政治批判，則不再遮掩。欽昂埃（Khin Aung Aye）的〈在仰光搭乘公共汽車〉、莫偉（Moe Way）的〈跟總統一起坐三、四站〉，都用直白言詞，批判緬甸民主化的本質和發展困境。

二〇一六年，翁山蘇姬和少數民族反抗組織共同啟動了第一階段的「二十一世紀彬龍會議」。根據她的立場，希望能透過不只一次的會議，和少數民族武裝團體達成和解，共同建設民主的緬甸聯邦。政治轉型看似帶來開放和自由，也迎來和平曙光，刺激了許多更具洞察力的作品。但緬甸社會卻因為不知道如何使用自由，而出現許多種族中心的仇恨言論，例如，佛教激進主義人士對穆斯林的攻擊。詩人潘朵拉在這

本書告訴我們，緬甸人民需要學習如何運用負責任的自由。
她的看法，可謂由衷之見。

就在本書中文版出刊之際，緬甸西北部若開邦、東南部克倫
邦、北部克欽邦、東北部撣邦的軍事衝突，仍不時發生。軍
方對若開邦羅興亞人的攻擊，更被視為種族清洗。因此，或
許除了需要人民學會如何運用負責任的自由，緬甸也需要一
個願意真誠擁抱和平的政治。

期待負責任的自由能深根於緬甸這個東南亞古國，邁向和平
的道路不再荊棘叢生。自由、和平與平等，將不再是緬甸文
學作品中沉重到讓人窒息的深切渴望，而是另一種生命力的
展現。

這本書要獻給最著名的緬甸異議詩人貌昂賓。我們第一次見到他的時候，他說：「我們一起創作一首長詩吧。」我們欣然接受他的邀約，花了三年的時間，拍攝一部紀錄片，透過緬甸詩人以及詩來講述故事。這部電影就叫做《緬甸詩人的故事書》（Burma Storybook）。

這部電影完成以後，我們覺得作品還不夠完整。因為電影的語言，無法完整呈現文字內涵。在電影中，有時候我們只截取一首詩的局部；其它時候，則僅有詩句出現，詩人則消失在螢幕後面。還有一些時候，受限於電影敘事的不確定性與極限，我們幫詩人拍攝的一些片段只能留在剪輯室的地上。為了彌補這個遺憾，我們決定要做一本書。

我們之所以選擇這個主題，其實是偶然的。二〇一三年，我們曾受邀在緬甸首次舉辦的人權電影節（Human Rights Film Festival）上播放我們的一部電影，之後又受邀回去教學生製作他們的第一部電影。為了準備這趟旅程，廣泛閱讀了許多關於緬甸的資料。我們注意到，有非常多的觀察家都提到這個國家有很多詩人。引起我們的好奇心。

然而完全沒料到，之後會在緬甸遇到那麼多的詩歌及詩人。

只要一談到詩的話題，大多數的人都會舉手說他們偶爾會寫幾句。而認為自己是專業詩人，或把「詩人」寫在的履歷表上的，數量更是驚人。

儘管如此，緬甸的詩在國際上卻幾乎無人知曉。現在有不少的緬甸詩集被翻譯出版，但從未提到這些藝術家的精彩人生，其中有很多人曾在國家長年獨裁統治期間遭遇迫害。

在這本書中，我們呈現了電影裡出現的詩人的作品，以及關於他們人生的訪談內容。包含許多在緬甸極具重要性的詩人，尤其像是昂稱以及杜克門萊（Thukhamein Hlaing）這兩位非常重要的「資深詩人」（senior poets），還有像是莫偉（Moe Way）、欽昂埃（Khin Aung Aye）、貌必明（Maung Pyiyt Minn）和颯雅林（Zeyar Lynn）等等。然而，這本書並不是一本詳實全面的緬甸詩選集。在這個國家有這麼多詩人的情況下，遺珠之憾仍無可避免。我們還有收錄一些業餘詩人的詩及訪談，因為他們是電影中出現過的人物。他們的故事都非常精彩，不容錯過，而這也顯示了，詩在這個國家的文化中多麼根深蒂固。

你或許會問，為什麼詩在緬甸文化中占這麼重要的地位？

有人說，是因為這個國家的語言非常古老。這裡有超過一百三十五個民族，每一個民族都有自己的語言。現存最古老的緬甸詩歌可以追溯至一千年前，一開始是被刻在石頭

上，然後演變成用針刻在棕櫚葉上。這個文化最後被留存在緬甸的語言中，「文學」（sa pei）這個詞原本的意思是「在棕櫚葉上寫字」。

另一些人則認為，因為緬甸歷來的識字水準都很高，這跟廣泛的佛教教育有相當大的關係。而進一步帶動詩的傳播，是因為佛教巴利三藏（Pali Buddhist canon）中使用大量押韻詩來描繪佛陀的生平。這些押韻後來被詩人沿用、流傳。

還有一些人指出，詩作為政治抵抗的一部分，一直在緬甸歷史上占有相當重要的位子。首先，人們用詩抵抗於一九二〇年代開始的英國殖民統治，再來是超過六十年的軍事獨裁統治。

還有社會學的觀點認為，緬甸詩幾乎隨處可見的重要地位，在過去的六十年，被國家長期經濟及政治的孤立給保存了下來。這段時間的孤立，讓緬甸詩遠離了大規模的城市化，也沒有受到全球化之下的扁平化效應影響。

今日，看看這本書中年輕有才華的詩人，就足以明白緬甸的年輕人如何尋找新的可能，以及全球化的影響如何為創造力帶來新的、激勵人心的刺激。

我們這趟探索緬甸詩的四年旅程，隨著這本書的出版告一段落了（其實還不算結束，因為我們正計畫帶著這部電影，在

緬甸做免費電影播映巡迴之旅）。

回顧這趟冒險歷程，我們很榮幸能與這些了不起的詩人相遇。你將透過這本書好好認識他們。這些人是藝術家，將國家的苦難轉化昇華。從這群不平凡的人們身上，我們學到，創造力具備寧靜永恆的力量，將超越並克服任何暴政。

譯註：這段引言寫於 2017 年，《緬甸詩人的故事書》英文版出版之際。

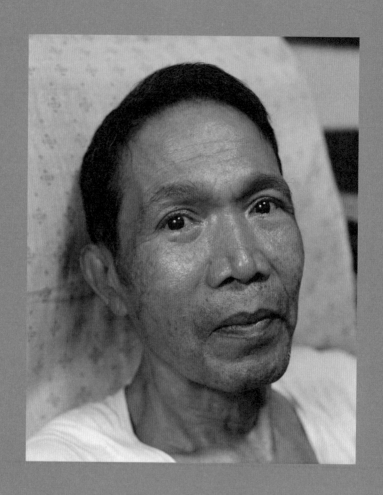

貌昂賓

မောင်အောင်ပွင့်

貌昂賓（生於一九四五年）來自伊洛瓦底江三角洲
（Irrawaddy River Delta）的勃生市（Pathein）。他住在河灣
處一個小鎮邊緣的兩層磚房裡，與妻子跟著女兒的家庭一起
生活，他們經營一家店舖，並在一樓興建供人借閱的圖書館。
去年，他住的那條街道鋪設完畢，彷彿象徵緬甸經濟復甦。
今年，他的太太與人合夥做生意，存錢買了一台計程車。

許多來他家拜訪的客人都稱貌昂賓為「薩亞」[*1]（緬甸語
Saya）或老師。他們坐在賓的腳邊，向他致意，讀自己的詩，
聆聽他的建議。他被公認是國內在世最傑出的異議分子詩
人。

[*1]：緬語中稱老師、長輩或前輩的稱謂，是表達敬意的尊稱。

你是怎麼開始接觸詩的？

小時候，我的母親就在緬甸內戰過世了。那段經歷我永生難忘。在我的童年裡，沒有玩耍或一絲快樂。幸運的是，在我的村莊裡有一個小小的圖書館。我都去那裡讀書。那裡有一些雜誌可以讀到詩。它們成為我最親近的密友，教導我如何去面對人生中的所有煩擾。詩還教我如何找到力量、平靜，以及生活的方式。

那關於你積極參與政治活動的部分呢？

我曾做過編輯還有反政府報紙的發行者，以及電影製片，專門紀錄少數族群的不公義以及強迫勞動。我走訪全國各地，包括一些少數民族區域。那裡真美。一些鄉下地區還沒被開墾殆盡，我甚至從那裡寄了一些石頭回家。那些石頭讓人覺得它們是活著的生物。但是整個國家充滿著苦難：政府軍隊入侵，讓那些少數民族遭受嚴重的折磨，軍隊將強暴作為武器。親眼見證這些事情，讓我決定起身參與行動。寫詩已經不夠了。

你的行動讓你被逮捕，前後入獄了四次：一九六七年～六八年、一九七八年～一九八○年、一九九七年以及一九九九年～二○○六年。

是的，看來我每十年就進一次監獄。起訴的理由有時候非常

荒謬，像是「持有一台傳真機」。

在獄中，我是最老的一個。所有的年輕人都很看顧我。我們每晚都會朗誦詩，並把詩作傳進那些聽不見的牢房裡。我們從未停止學詩、蒐集詩作、分享經驗。這使我的牢獄之災，得到了意外的回饋。

你在獄中寫了一首國內最著名的詩〈揪心的夜晚〉。

那是在我太太探視之後寫的，當時感到非常絕望。為了平復心情，我潦潦草草地寫在牢房的白色牆面。這首詩是關於不求回報的愛：獻給我的太太，以及牢房裡看不見的月亮。為了至少見到月亮的倒影，我曾在牢房的水泥地上灑水，寫下：

> 我，貌昂賓
> 即便癱成一張紙片
> 也要攤在月光下
> 吸取月的光華
> 如皮球般圓滿
> 再直直照進暗無天日的
> 螞蟻洞穴裡。

你現在的身體狀況變得虛弱…

多年的牢獄生活在我身上留下了深刻的印痕。一九九九年時，我曾被審訊了二十五天之久。他們不允許我睡覺。獄卒

在夜裡每半小時就來弄響我牢房鎖孔上的鑰匙。至今我仍無法忍受鑰匙的聲音。現在我罹患了帕金森氏症。有些日子，我無法再繼續書寫，就口述我的詩給我太太南紐瑞（Nan Nyunt Shwe）。

南紐瑞，妳的丈夫在獄中的時候，是怎麼扛起家計的？

一大清早，在我去學校當老師之前，會先到市場賣湯。我們像是無形的幽魂。由於我的丈夫參與政治而入獄，人們拒斥、害怕我們。我必須理解，因為每個人都會害怕。讓我活下來的關鍵是，我從不顯露自己的恐懼。例如當警察來搜索房子的時候，我要求他們在進屋前脫鞋。他們照辦了。

貌昂賓，因為你的遭遇，使得你必須丟下你的孩子。

我一九七八年被送入監獄，在獄中才知道那天剛好是國際兒童日。那天是八月六日，我的兒子三歲。早上下著雨，當天跟他一起玩球，我還為了接球跳入水中，逗得他非常開心。晚上，那些人逮捕了我。八月六日同時也是廣島被投下原子彈的日子。那天我家也像是被投了一顆原子彈。判刑當日，我在監獄的門口，我的兒子向我跑來。但他沒看清楚，最後不小心抱住了一個警衛。

我們為兒子與女兒都取名為「和平」（Nyein Chan）。我兒子後來成了叢林裡的叛軍士兵，他最後逃去了泰國，然後在

芬蘭成了難民。

他第一次回家是在將近二十年後，就是去年十二月。嗯，你已經知道了，因為你拍攝了那段過程。

你如何用詩來描述國家的歷史？

在這段軍事獨裁以及世上最久、長達六十六年的內戰期間，發生了那麼多暴行與苦難。我們同理這個苦難，而我們的情感就反映在我們的詩作之中。

現在，甚至宗教在我心中已無多少地位。唯獨詩、同理心，還有對和平的渴望。這些已足夠讓人過上一個有價值的人生。

同理心是最重要的事嗎？

詩的本質核心就是同理心。這就是為何我認為詩中最重要的是情感，而不是形式或風格。有些人或許會首先看重形式。但是，若沒了情感，生而為人還有什麼呢？

我們的初夜 / 貌昂寶

粗糙的冬之手
任性地胡亂拂過
真的好冷。

1973 年 12 月
他們說是 37 年來最冷的冬天
那個冬天
我和她結為連理。

校稿工人如我
在結婚證書上
被他們錯寫成
「以編輯為生」。

枕頭散發著香味
一整個晚上
彷彿臉貼著臉
可以的話連枕頭都免了。

一床窄窄的小被
蓋著……
給了我，她蓋不到
給了她，我背脊發冷
擁抱我，她暖和
反擁她，我比她更用力
還有任何更溫暖的夜晚嗎？
只有蓋著愛，才讓人溫暖。
只有經歷過，才讓人明白。

ကျွန်တော်တို့ရဲ့မင်္ဂလာဦးည

ဆောင်းလက်ကြမ်းက
ရမ်းရမ်း ရမ်းရမ်း လာလာစမ်းလို့
ချမ်းလိုက်တာလေ။

ဒီဇင်ဘာ ၁၉၇၃
၃၇ နှစ်အတွင်း အအေးဆုံးဆောင်းလို့ဆိုတဲ့
အဲ့ဒီတဆောင်းမှာ
သူနဲ့ပေါင်းဖက် အကြောင်းဆက်ခဲ့တယ်။

စာပြင်ဆရာ ကျွန်တော်က
လက်ထပ်စာချုပ်ထဲမှာ
``အယ်ဒီတာလုပ်စားသူ´´ လို့
သူတို့မှားရေးခြင်းခံရတယ်။

ခေါင်းအုံးတလုံးမှာ
နံ့သာတုံးနဲ့ ညလုံးပေါက်ကပ်
ပါးချင်းအပ်ကော့
တတ်နိုင်ရင်တောင်
ခေါင်းအုံးမဝယ်ချင်ပေါင်။

စောင်လေးတထည် သိပ်မကျယ်
ကွယ် ....
ကိုယ့်ဘက်သူ့ခြို့ သူမလုံ
သူ့ခြို့ဖို့ပေး ကိုယ့်ကျောအေး
နွေးဖို့သူဖက် သူ့ထက်ပိုဖက်
ထိုထက်နွေးသောည
ပြောပြဖို့လိုသေးလား
မေတ္တာခြို့မှ လုံ
ကိုယ်တွေ့ကြံ့မှ ယုံ ။ ။

၁၃- ၇ -၁၉၈၅

မောင်အောင်ပွင့်

揪心的夜晚 / 貌昂賓

擁抱你的欲望
太過強烈
連大詩人波義
都淹死在黃河裡了

我，貌昂賓
即便癱成一張紙片
也要攤在月光下
吸取月的光華
如皮球般圓滿
再直直照進暗無天日的
螞蟻洞穴裡。

沐浴在金色光芒之下
挺起的下巴和揚起的小臉
我渴望去親吻，多少個黃昏
月亮啊，月亮會知道吧

情人的兩頰，兩輪香軟的月
它們還光輝如昔嗎？
沒有消息，也不明究竟。

將一整罐開水倒在
房前地板
再低下頭，望著明月
水和月亮漸漸
在夜晚裡消失。

ရင်ပူည

မင်းကို
ပွေ့ဖက်ချင်ဇောနဲ့
ကျွာဆရာကြီး ပိုးအိတော့
မြစ်ဝါမြစ်မှာ ရေနစ်သေခဲ့ဖူးပြီ။

ဟောဒီ မောင်အောင်ပွင့်ဟာ
စက္ကူသားလိုပြားချပ် ပျော့ဖတ်သွားရင်တောင်
လသာသာမှာ ဖြန့်ခင်း
ဘော်လုံးလို ပြည့်တင်းနေအောင်
လရောင်ကို စုထုပ်
ပီဘိ မှောင်ကြီးကျနေတဲ့ ပုရွက်ဆိတ်တွင်းတွေထဲ
လရောင်ကို ကွဲကွဲထည့်ထည့်ပေးချင်တယ်။

ရွှေလည်တိုင်ကျော့ကျော့ ရွှေမျက်နှာ ခပ်မော့မော့
ရွှေရောင်ဆမ်းထားတော့
နမ်းဖို့မင်သက်မိ ညခင်းတွေ
လမင်းလေ လမင်း သိမှာပါ။

ချစ်သူပါးနှစ်ဖက် နဲ့ သာလနှစ်စင်း
သာခြင်းရှိမှ ရှိပါလေစ
သတင်းမကြားရ မသိရ။

အခန်းရှေ့ မြေတလင်းပေါ်
သောက်ရေတစ်အိုးလုံးသွန်ချ
လကို ငုံ့ ကြည့်ရင်း ငုံ့ ကြည့်ရင်း
မှိန်
မှိန်ရာကပျောက်
သောက်ရေနဲ့ လ
ပျောက်လေတဲ့ ည။ ။

၂၂-၁၀-၁၉၉၀

မောင်အောင်ပွင့်

麻木的心靈 / 貌昂實

小的時候
不知為何，只要天黑
看到月亮
就興起想要掰開它的念頭
那閃亮燦爛的光華
會沾到我的手嗎？
以此為憑，我將重返人間。

小的時候
一旦去到田間，看著無盡的
原野
就想要站在
天地交接的盡頭
背倚著天，回頭看著村子。
別說什麼像月亮那麼高
像天邊那麼遠
現在的我已不能觸及
兒時美麗的願望。

ထုံပေပေ အသဲပြင်

ကျွန်တော်ငယ်ငယ် ကစားရွယ်က
ဘာရယ်မဟုတ် မိုးချုပ်တော့ရင်
လ ကိုမြင်
ရောက်ချင်တဲ့စိတ် ကိုင်ဖွဲ့ချင်စိတ်
ဖိတ်ဖိတ်လက်နေ ရွှေရည်ရွှန်းဝေ
စွန်းပေကုန်မလား လက်များပေကျွန်
သက်သေခံနှင့် ငါပြန်ခဲ့မယ်။

ကျွန်တော်ငယ်ငယ် ကစားရွယ်က
လယ်ကွင်းရောက်တုန်း အမြင့်ဆုံးသွား
မိုးခုံးနားနဲ့ မြေသားထိစပ်ရာ
ငါ သွားရပ်မယ်
မိုးကိုကျော်မီ ရွာဆီပြန်မျှော်။

ဆိုသဖြင့်လောက်
တမြင့်တဖျား မဆိုထားနဲ့
ရှည်လျားဝေးရာ မဆိုလာနဲ့
ခုခါငယ်က အဲဒီဆန္ဒတွေ
လှပမှန်းမှ မသိတော့။ ။

မောင်အောင်ပွင့်

老影子 / 貌昂實

白畫的
一切骯髒汙染都成為黑夜
也只能進入黑夜
搓洗一回之後
又以白畫之身探頭露臉
再變回黑夜。

將日夜左右拋舉玩耍
吹噓厲害的人好厲害
就這樣年邁衰老
頭髮變白，牙齒脫落
皮膚也全是皺摺。

就這樣和別人一樣
我獲得一個老影子。
我的老影子
極度驚慌焦慮。
他說他不想再看見
任何日出日落。

也無法再去感受
五官帶來的體驗。
最後他投奔向他的主人
我的腳底
隱藏蹤跡。

當我離開擁擠的公車
整副皮囊脫落
我的仁慈
我的糧食
和我的尊嚴
（被掛在老舊的公車後面）
他說他看到它們被公車帶走。

他說我沒有他飢渴
比他自由
比他能言善道
他，我的老影子
是個心神極度不寧的人
他是⋯⋯
⋯⋯他是。

這一刻
我若是胡亂舉起雙手
他說他都會
立即毀滅。

正午太陽越辣光越亮
影子們
也就越黑越明顯。

那遠處的鐘樓
則只好將正午的時間
分成兩次敲鳴。

အရိပ်အို

နေ့က
မည်းညစ်စွန်းပေသမျှ ညဖြစ်
ဒီညထဲကိုပဲ ဝင်ကြရ
တခါဆေးကြောလျှော်ဖွတ်
နေ့အဖြစ်ပြူတစ်ထွက်လာကြ
တခါ ညပြန်ဖြစ်လိုက်။

နေ့နဲ့ညကို ဘယ်ညာမျှောက်ကစား
မော်ကြွားတောက်စားသူ တောက်စား
ဒီလိုနဲ့ အိုမင်းရင့်ရော်လာကြ
ဆံပင်ဖြူ သွားကြွေ
ပါးရေနားရည် တွန့်ရှုံ့ မြင်ကုန်ကြ။

ဒီလိုနဲ့ အများတကာလိုပဲ
အရိပ်အိုတခု ကျွန်တော်ရခဲ့။

ကျွန်တော့်အရိပ်အိုဟာ
သိပ်ကို ကြောက်လန့် ချောက်ခြားနေတယ်။

နေထွက်ချိန် နေဝင်ချိန်ကိုလည်း
သူ မကြည့်ချင် မမြင်ချင်တော့ဘူးတဲ့။

အာရုံငါးပါး ခံစားရသမျှ
အရသာ မပေါ်တော့ဘူး တဲ့။

နောက်ဆုံးတော့ သူဟာ
သူ့သခင် ကျွန်တော့်ကို ခြေဖဝါးအောက်
အစအန ဖျောက်
ဝင်ရောက်ခိုလှုံလာတယ်။

ကျွန်တော် အတင်းတိုးဝှေ့ အဆင်း
အရေခွံ ကွင်းလုံးကျွတ်ကွာ
ကျွန်တော့်အကြင်နာ
ကျွန်တော့်စားရေရိက္ခာ
ကျွန်တော့့ သိက္ခာတရားပါ
(ဘတ်စ်ကားဟောင်းကြီး နောက်မီးမှာ)
ချိတ်ပါသွားတာ သူ့မြင်လိုက်ရတယ်တဲ့။

ကျွန်တော်ဟာ သူ့လောက်မငတ်မွတ်
သူ့ထက် လွတ်လပ်
သူ့ထက် ပြောဆိုနိုင်တယ် တဲ့။
သူက၊ ကျွန်တော့်အရိပ်အိုက
သိပ်ကို ဆောက်တည်ရာ မရသူက
သူက...

                    .... သူက။

အခုနေ
ကျွန်တော် ကယောင်ကတမ်း
လက်မြှောက်ရမ်းမိရင်တောင်
သူ ကျဆုံးတော့မယ် တဲ့။

မွန်းတည့်နေ ပူပြင်းလေ လင်းလေ
အရိပ်တွေ
ပိုမည်းနက်လေ ထင်းလေ။

ဟိုအဝေး နာရီစင်ကြီးကတော့
မွန်းတည့်ချိန်ကို
နှစ်ကြိမ်ခွဲပြီး မြည်ပေးရပြီ ။ ။

၂၅-၁၁-၂၀၁၃
မောင်အောင်ပွင့်

昂稱

昂稱（生於一九四八年）被公認是緬甸當今在世最了不起的
詩人。他與杜克門萊及一些詩人被視為緬甸現代詩的先驅，
將原本傳統固定的詩律變得更自由。這種自由深刻體現在昂
稱身上。他擁有自由不羈的藝術靈魂，是緬甸詩界的馬龍‧
白蘭度及詹姆斯‧狄恩——雖然這樣的類比不是很精準，因
為他的藝術反叛精神兼具道德高度；透過詩句表達的熱忱，
從不向欺瞞與怯懦妥協。他是所有緬甸詩人都想效仿的目
標。如果見到他本人，你就會懂了。

你是如何開始寫詩的？

我年輕的時候，曾被逮捕入獄長達十五個月，其中三個月是單獨監禁。也就是在那段單獨監禁的期間，我開始在腦海裡寫詩。寫詩幫助我熬過那段時間。它轉移了我的注意力，讓我不至於瘋掉。

我們用任何可以拿到的東西寫詩，然後將它默記在心裡。例如我們會用釘子在床墊上畫出刮痕，痕跡淡到只有在光線下才看得到。或是從磚牆縫隙中撿一小塊碎片，在地板上寫詩。我就是這麼開始寫詩的。

當我被釋放之後，我將自己鎖在一間堆滿書與文具的房間裡。現在它成了一種習慣。即便那段牢獄歲月早已遠去，我從沒停止寫作。

你十六歲那年，曾因參與政治被關入獄中一年半。

當你家的天花板開始漏雨的時候，就無法阻止雨水從四面八方湧入。我承受了那麼多事情，有些事我不喜歡寫出來。

你獲釋之後還有繼續念書嗎？

我對正規教育從不感興趣。直至今日，我甚至沒拿過一張文憑。而是靠自學的方式閱讀文學、接觸詩。

我還開始對政治感興趣。一九六二年軍政府上台以前，學生可以自由結社。我大部分的時間都花在這些活動上面。我常常轉學，有時一個月會缺席二十天，我的朋友們也是。

我從小就想嘗遍世界。雖然我沒什麼錢，但是一旦有了一點小錢，就會搭火車到郊區去，看看周遭的生活風景。我想要快樂，然而在軍事統治之下，一切都變調了。我的朋友們也不快樂。我們在茶館找到樂趣，或是在酒吧談詩聊政治直到深夜。我們沒有工作，只有政府僱員有工作。

對於在審查制度下寫作，你有什麼看法？

能夠熬過獨裁統治，熬過如此糟糕的時代本身就是一首詩。

在思考如何與審查員周旋的過程中，我們成為了更好的詩人。我們之中許多人用聰明與詼諧，智取那些審查員。

那時我們還違法出版自己的詩作。不可能只是按照政府規定，寫他們想要的東西。這樣無法創造出任何有價值的事物。

我參與政治的態度是，不管政府，永遠都站在受迫者與弱勢的那一方。

審查制度被廢除了之後，現在寫作的狀況是？

現在非常的自由。抗議已經不稀奇了，沒有什麼是新鮮事。你可以創造任何想要的東西。這個世界已經開放到你不知道

如何收放。每個人都以為只要寫下三四行字，就可以成為詩人。

現在，在所謂的轉型時期，寫作變得相較自由許多，但同時你也承擔了更大的責任。你有義務精進你的詩作。

你都怎麼寫作？

即使年事已高，我仍每天寫作。你無法設定一個具體的時間才寫詩。只要一有什麼想法，就立刻寫下來。我永遠都處在自動開啟模式：隨時都準備好寫一首詩。我沒辦法在茶館這類的地方寫作，除此之外，幾乎在任何地方都可以寫。有時，我半夜會醒來，寫下剛剛想到的詩句。

在把詩作寄去給出版社之前，我都會重新讀一次。在這個過程中，你會找到屬於自己的寫作技巧。你無法憑空設計寫詩的技巧，只能在寫作的過程中找到。

現在，你與詩相依為命。

我不能沒有詩而活。詩是我生命的一部分，誠如呼吸、喝水、進食般的必要存在。我並不刻意努力去寫作。在任何時候，詩意的表達就是這麼毫無緣由地，自然浮現在我的腦海裡。

我不知該稱之為天賦或是厄運，我想這是我的命。我前世是個詩人。下一世我依舊想成為詩人。

你有什麼話想告訴新一代的詩人嗎？

每天都要改進你的詩作。不要安於現狀。並且牢記，永遠都有更好的或是還沒有達成的東西在前方等著你。寫下每首詩之後，都要繼續精益求精。

致卡夫卡 #10/昂稱

1.

詩人！

詩人！

詩人！

詩人！

2.

詩人！

詩人！

詩人！

詩人！

3.

詩人！

詩人！

詩人！

詩人！

4.

詩人！

詩人！

詩人！

叫啊！ [*1]

[*1]：末句的原文是「喊啊」，有呼朋引伴，引領大家呼喊／響應之意。

ကပ်ဖကာသို့ (၁၀)

၁။
ကဗျာဆရာကွ
ကဗျာဆရာကွ
ကဗျာဆရာကွ
ကဗျာဆရာကွ။

၃။
ကဗျာဆရာကွ
ကဗျာဆရာကွ
ကဗျာဆရာကွ
ကဗျာဆရာကွ။

၂။
ကဗျာဆရာကွ
ကဗျာဆရာကွ
ကဗျာဆရာကွ
ကဗျာဆရာကွ။

၄။
ကဗျာဆရာကွ
ကဗျာဆရာကွ
ကဗျာဆရာကွ
အော်ကြ။ ။

အောင်ချိမ့်

致卡夫卡 #17／昂稱

穿上衣服
脫下衣服
然後，再穿上衣服
改變挺多的哈 [*2]。

[*2]：應該是在諷刺 2010 年軍政府的將領脫下軍裝，以文人政府的樣貌重組政府，但
統治方式基本不變的現象。

ကပ်ဖ်ကာသို့ (၁၇)

အကျီဝတ်တာ
အကျီချွတ်တာ
နောက်၊ အကျီပြန်ဝတ်တာ
အတော်ပြောင်းလဲသွားတာပဲ။ ။

အောင်ချိမ့်

致卡夫卡 #21/昂稱

卡夫卡……
我是一個落後國家的
一位詩人。

曾不能自已地愛過某人
得不到回應
受過傷
也因此成為罪人。
我對你不熟
你對我完全不瞭。

卡夫卡，這是一首
略懂略懂的人
向無知的人發表的詩。

祝好運
掰。

ကပ်ဖကာသို့ (၂၁)

ကပ်ဖကာ ...
ငါဟာ မဖွံ့ဖြိုးသေးတဲ့ အာရှနိုင်ငံတစ်ခုမှ
ကဗျာဆရာတစ်ယောက်ပါ။

တစ်ယောက်ယောက်ကို ယူကျုံးမရချစ်ခဲ့ဖြီး
တို့ပြန်မှုမရခဲ့သူ
နာကျင်ခဲ့သူ
အပြစ်ဖြစ်ခဲ့သူပါ။
ခင်ဗျားကိုကျွန်တော်နည်းနည်းသိပါတယ်
ကျွန်တော့်ကိုခင်ဗျား လုံးဝမသိပါဘူး။

နည်းနည်းသိသူက
လုံးလုံးမသိသူထံ
အသံပြုတဲ့ကဗျာပါ ကပ်ဖကာ။

စိတ်ချမ်းသာပါစေ
ဘိုင့် ဘိုင်။ ။

အောင်ချိမ့်

21 世紀初的主要成分 / 昂稱

在空地蓋上房子
成為所謂城市。

從這些空地開始
人類的故事與歷史
往更複雜的限制與方向
發展演進。

耕作
貿易
旅行
戀愛。

給孩子們的玩具
給大人們的玩具
樹木們,汽車們
高爾夫球場們

糕餅們，錢財們
各種機會們
高大的摩天輪們
極速發展演進。

在這發展演進的人類歷史中
人類需要
禮佛、睡眠^{*3}
和一個好的夢境。

၂၁ ရာစု အစပိုင်း ဇာတ်ဝင်ခန်း

ကွင်းပြင်များ၌ အိမ်ဆောက်ကာ
မြို့ဟု တွင်လေရာ။

ဤကွင်းပြင်များမှ အစပြု၍
လူ့ဇာတ် လူ့သမိုင်းဟာ
အကန့်များ အကွေ့များ ရှုပ်ထွေးစွာ
တိုးတက်လာပါတယ်။

ထွန်ယက်ကြ
ကုန်သွယ်ကြ
ခရီးသွားလာကြ
ချစ်ကြ၊ ကြိုက်ကြ။

ကလေးများအတွက် ကစားစရာများ
လူကြီးများအတွက် ကစားစရာများ
သစ်ပင်တွေ၊ မော်တော်ကားတွေ
ဂေါက်ကွင်းတွေ
မုန့်တွေ၊ ငွေတွေ
အခွင့်အရေးတွေ
ခြားရဟတ် အမြင့်ကြီးတွေ
တအား တိုးတက်လာပါတယ်။

တိုးတက်လာတဲ့ လူ့သမိုင်းထဲ
လူသားများ
ဘုရားရှိခိုး အိပ်စက်
အိပ်မက်ကောင်းရန် အလိုရှိတယ်။

အောင်ချိမ့်

杜克門萊

杜克門萊（生於一九四八年）是當代緬甸詩的巨擘。他與昂
稱等人一同將詩從傳統韻律中解放出來，為現代緬甸詩帶來
了革命性的改變。令人意想不到的是，這位低調的紳士還是
緬甸知名的作詞家，專門為國際流行歌曲創作緬語歌詞。

你什麼時候開始寫詩？

從一九六五年開始寫詩。有人曾問，我為什麼要寫詩？我說：因為我想寫。我認為這是個好答案。因為「唯有寫詩我才得以完整」，這與其說是一種自我實現，其實更像是一直都引以為傲的信念。一九六六年我從高中輟學，因為打從內心深處認定，全心投入寫詩是我的志向。自此之後，寫詩成了我唯一的志趣，甚至不想浪費時間吃東西、睡覺或洗澡。我時時刻刻都只想要寫詩，對我來說沒有什麼所謂的「寫作時間」。

一九六六年，我十八歲。比起愛情，周遭環境與這個世界對我的影響更是深遠。像是越戰、緬甸的政治事務、金錢、權力、關於其他國家或是生死攸關的事情。我開始寫詩的時候便意識到，古典緬甸詩的傳統四音節格式，無法精準地捕捉那些事情對我帶來的影響，或是我對那些事情的感受。關於我的想法、我的擔憂，以及我對於創作詩的感受，這些問題的最佳答案都呈現在我的詩作中。

那麼，你覺得詩人在這個社會應該扮演什麼角色？

這裡我不想用「想法」這個詞，比較想稱之為我的「信仰」。如果每個人都讀詩，這個世界上就再也沒有人會惹上麻煩了——這就是我對於詩在這個社會的「信仰」。我的語言深受緬甸歷史的影響，早在一九四八年我們的國家獨立之前，

甚至早在翁山將軍（General Aung San）被暗殺之前，當代重要的政治人物已經承襲了相互摧毀的政治文化，充斥著不斷地內鬥、陰謀與背叛。一九七五年，作為詩人的第十個年頭，我選擇不再參與這種毀滅性的政治鬥爭。我選擇了透過詩，來承擔責任的政治行動。同樣地，這個問題最好的答案，就在我的詩歌之中。例如我的這兩行詩，這首詩甚至沒有標題：

I've come to a world I can't help much
I've strived as much as I can
我來到這個無能為力的世界
我用盡了全力去奮鬥

今日，全世界都可以看到我國的政治局勢。這是一個無法發行超過五百本詩集的國家——因為沒有人會買。我們有什麼能耐生存下去呢？這是個值得追究的問題。

最終，我還是傾向以詩來作答。這裡我舉另一首詩〈獎〉——我得強調一下，這首詩是在巴布‧狄倫（Bob Dylan）獲頒諾貝爾文學獎之前寫的。

Hey, you poet,
What prize did you get?
Me? I got the world.
I've got the world that you've got.

嘿，親愛的詩人，

你得了什麼獎？

我得到全世界。

我得到你得到的全世界。

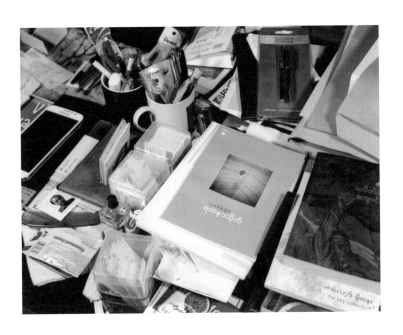

值得思考的藝術 ／ 杜克門萊

為使思路清晰
我想給大家一首
不需要思考的詩。

苦思了一天
苦思了一月
苦思了一年
為此我苦思了一輩子。

တွေးစရာ အနုပညာ

အတွေးတွေ ရှင်းသွားအောင်
တွေးစရာမပါတဲ့ ကဗျာလေးတစ်ပုဒ်
ပေးချင်ခဲ့တာပါ။

တစ်ရက် ကြိုးစားခဲ့ပါတယ်
တစ်လ ကြိုးစားခဲ့ပါတယ်
တစ်နှစ် ကြိုးစားခဲ့ပါတယ်
ကျွန်တော့် တစ်သက်တာ ကြိုးစားခဲ့ပါတယ်။ ။

သုခမိန်လှိုင်

詩的實踐 / 杜克門萊

今夜這些黑暗能給我什麼光明？
那是我正在尋找的答案
是我面對的難題
為了撲倒黑暗
我打開我的手電筒
翻開我的書本
拿出我的原子筆
（當黑暗到不能再黑暗以後）

လက်တွေ့ကဗျာ

ဒီည ဒီအမှောင်က ငါ့ကို ဘာတွေလင်းစေနိုင်မှာလဲ
အဲဒါ ငါရှာနေတဲ့အဖြေပဲ
ငါ ခက်နေတဲ့ ပုစ္ဆာပဲ
အမှောင်ကို ငါခုန်အုပ်ဖို့
ငါ့လက်နှိပ်ဓါတ်မီးကို ထိုးလိုက်တယ်
ငါ့စာအုပ်ကိုဖွင့်လိုက်တယ်
ငါ့ဘောလ်ပင်ကို ထုတ်လိုက်တယ်
(အမှောင်ဟာ မမှောင်နိုင်တဲ့အထိ)

သုခမိန်လှိုင်

放走的魚 / 杜克門萊

星辰墜落之後
天空的價值才會提升

我們作過的
是大大的夢
我們釣過的
是寬寬的海洋
我們成長過的
是深深的地獄。

葡萄會是酸的嗎？ *1
放走的魚
是一整個世界。

*1：該句在緬語中可以表示兩種意思。這裡應該是化用了「吃不到葡萄說葡萄酸」的
　　典故。

လွတ်တဲ့ငါး

ကြယ်တွေကြွေမှ
ကောင်းကင်ကြီးက တန်ဖိုးကြီးလာ

ငါတို့ မက်ခဲ့ကြတာ
အိပ်မက်ကြီးကြီး
ငါတို့ မျှားခဲ့ကြတာ
သမုဒ္ဒရာကြီးကြီး
ငါတို့ ကြီးခဲ့ကြတာ
ငရဲ ကြီးကြီး॥

စပျစ်သီးချဉ်မှာလား
လွတ်တဲ့ငါးက
ကမ္ဘာကြီး

သုခမိန်လှိုင်

三足鼎立 / 杜克門萊

我在寫詩
你在演講
我的戀人正在這裡洗碗

乾淨的世界尚未來到
乾淨的碗盤已經降臨

သုံးပွင့်ဆိုင်

ငါက ကဗျာတွေရေး
မင်းက မိန့်ခွန်းတွေပြော
ဒီမှာ ချစ်သူက ပန်းကန်တွေဆေး

သန့်ရှင်းတဲ့ ကမ္ဘာတော့ မရသေးဘူး
သန့်ရှင်းတဲ့ ပန်းကန်များ ရပါပြီ

သုခမိန်လှိုင်

潘朵拉

潘朵拉（生於一九七四年）直到完成大學學業、進入社會工作，並組了家庭之後才成為一名職業詩人。她現在正著手編輯國內第一本緬甸女性詩選[*1]。

[*1]：這本詩選集名為《調音：緬甸女詩人詩選》（Tuning: An Anthology of Burmese Women Poets 暫譯），已於 2012 年 8 月出版。

生活在一個不自由的社會，你的寫作受到什麼影響？

軍事獨裁時期，我跟其他緬甸詩人一樣使用隱喻或意象。我總是在思考如何穿透這些規定枷鎖。二〇〇七年至二〇一〇年間，我從沒有將詩作寄給當地的出版媒體，因為這些詩作在審查制度的監控下可能無法出版。

一個不自由的社會箝制得了人身，卻禁箍不了充滿創意的靈魂。以前的威權政府常常將許多藝術家及詩人送入牢中，以為如此便能阻止他們的創造力。但很顯然的，那麼做並沒有成功。這非常矛盾。一個不自由的社會，反而有益於一些藝術形式的發展，因為它讓藝術家們被迫去尋求更有創意的方式，表達他們想說的話。然而，這也不是說，我想要回到以前被審查制度控制的生活。因為確實，在一個自由社會裡，創造力會擁有更大更好的發展空間。

請問政治如何影響你現在的寫作？

自從近年來緬甸政治局勢有了改變之後，我的詩作變得不那麼政治化了。我開始嘗試關注內在的自我。這也是因為我的人生有了一些變化的緣故。

緬甸目前言論自由的狀況，很明顯要比從前開放許多，不只在政治方面。現在我們還發現一些詩作在寫關於性、宗教等具爭議性且敏感的議題。當然，它們都受到高度的抨擊。

隨著網路的開放，我們也看到了仇恨言論的散播以及網路霸凌事件。緬甸人民正在學習如何運用「負責任的自由」。當危害到別人的自由時，這樣的自由就會產生負面的影響。

關於限制的問題，我不確定現在的政府政策是否穩定。套一句部落客尼朋樂（Nay Phone Latt）[*2] 的話來說：「我們現在自由了，但不確定我們是否安全。」

跟我們談一談，關於緬甸的女性與詩。

傳統上，緬甸的女性是詩中被描寫的對象，而不是詩的創作者。不要說是關於政治了，還有女性經驗及女性對自然、愛情、鄉愁以及家庭生活等的詩意反思，在國內文學傳統裡面只占了非常邊緣的位置。就算有女性創作的詩，大多數的詩選集幾乎都沒有收錄。雜誌或期刊的狀況亦復如是。

緬甸的社會規範也挑戰了女性寫出創新又大膽的詩的能力。女性作為「第二性」的這種文化概念，會使社會中的女性不願意去寫有關性或情慾方面的主題、使用直白的語言，或是參與傳統上由男性主導的政治及社會經濟體制。

當然，歷來女性就不被鼓勵接受識字之外的知識教育，那些被保留給男性，因為他們才是未來養家餬口的人。因此像詩作研究這類「智者的財產」，就更沒有女孩兒的份了。

[*2]：奈鋒雷（Nay Phone Latt）是名詩人、部落客，亦是名政治犯。2007 年番紅花革命期間利用他的部落格傳播新聞及製作影片，服刑至 2012 年出獄，由總統特赦。

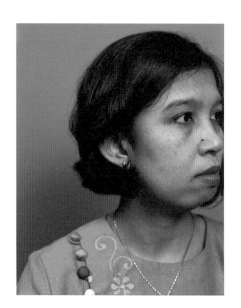

我們的社會對女性仍有許多成見，例如女性應該做什麼，女性的行為舉止應該是什麼樣子。當然，軍政府執政也是迫使女性更屈從權威的原因，因為它剝奪了女性對自己國家如何治理發表意見的機會。

不過，現在這些狀況都在迅速地改變當中。

請洗手 / 潘朵拉

請洗手
親愛的，請洗手。
禽流感正在四處擴散
請洗手。
在冬天的第二波病毒攻擊下
為了不使人命似雪花飄落
請洗手。
為了不弄髒
也為了不髒
請洗手。
為了不汙染
也為了沒有汙點
請洗手。
親朋好友之間
懷疑的病毒正在活躍
請洗手。
所謂愛呀、喜呀、憐呀的

傾斜了
二十三又二分之一度
請洗手。
頭顱向下栽進大地中的
地獄惡鬼們
站起來高呼「利益」、「利益」的時候
請洗手。
連蘇盧王都抽著菸
告訴江喜陀 [*3]
「每個人有每個人的因果」了
請洗手。
過去都已經成為過去
為了終結那些過不去的
請洗手。
一面哼著歌

* 2：奈鋒雷（Nay Phone Latt）是名詩人、部落客，亦是名政治犯。2007年番紅花革命期間利用他的部落格傳播新聞及製作影片，服刑至2012年出獄，由總統特赦。

* 3：蘇盧王 (Sawlu，1077-1084) 和江喜陀 (Kyansittha，1084-1112) 是緬甸蒲甘王朝的兩位君主。據說兩人是同父異母的兄弟。但江喜陀因為是私生子，所以儘管功績輝煌，也只能在父親阿奴律陀 (Anawrahta，1044-1077) 的座前擔任將軍。而蘇盧王雖然沒有任何才能，卻因為是正室所生，乃被立為皇太子，並在父親去世後繼承王位。因此蘇盧當王以後，一直對江喜陀有所猜忌。一次蘇盧兒時的玩伴耶曼干 (Yamanka) 叛亂，俘虜了蘇盧，江喜陀趁夜冒險往救，蘇盧因不信任江喜陀而大叫，江喜陀不得不留下蘇盧逃命。不想耶曼干卻殺了蘇盧，以謀篡位。蘇盧死後，江喜陀統領大軍滅掉耶曼干，最終繼承了蒲甘王位。

一面跟隨命運沉浮
請清洗你的手。
抹上肥皂
請將手清洗乾淨。
手掌、手背
手指、手心
一處不剩地
皮膚、血肉
脂肪、骨骼
一點不留地
請洗手。
擦鞋的手請清洗
拿槍的手也請清洗。
出主意的手請清洗
舉大旗的手也請清洗。
在路口亂翻垃圾堆的小流浪兒
請洗手。

在將軍市場 *4 賣涼蝦 *5 的阿姨

也請洗手。

在母親肚裡尚未出生的我的姪女

請洗手。

千萬里之外，我未曾謀面過的朋友們

也請洗手。

大總統歐巴馬請您也洗洗手

親愛的請清洗你的雙手。

一邊等著大地以柏拉圖式的情感

親吻我們洗淨的雙手

一邊洗洗手。

*4：又譯作翁山市場，因翁山蘇姬的父親翁山將軍而得名。是仰光市內最大的旅遊工藝品市場。

*5：一種米製甜點。

လက်ဆေးပါ

လက်ဆေးပါ
အချစ်ရေ လက်ဆေးပါ
ဝက်တုပ်ကွေးပိုးတွေက ပျံ့နေ့နေလို့
လက်ဆေးပါ
ဆေးဖိုးဝါးခ မတတ်နိုင်လို့
လက်ဆေးပါ
ဆောင်းတွင်းရဲ့ ဒုတိယလှိုင်း ရောဂါကပ်မှာ
လူ့အသက်တွေ နင်းလိုမကြွေအောင်
လက်ဆေးပါ
ညစ်ပေမှုတွေအတွက်ရော
ညစ်ပတ်မှုတွေအတွက်ပါ
လက်ဆေးပါ
စွန်းထင်းမှုတွေအတွက်ရော
အစွန်းတွေအတွက်ပါ
လက်ဆေးပါ
မိတ်ဆွေသူငယ်ချင်းတွေကြား
မသက်ာမှုပိုးမွှားတွေလည်း ထကြွနေလို့
လက်ဆေးပါ
ချစ်... ရှွင်... သနား ဘာညာသာရကာများ

နှစ်ဆယ့်သုံး နှစ်ပိုင်းတစ်ပိုင်းဒီဂရီ
တိမ်းစောင်းနေလို့
လက်ဆေးပါ
မဟာပထဝီမြေထုထဲ
ခေါင်းကနေ ဆွဲနှစ်ခံထားရတဲ့ ငရဲသားတွေက
အကျိုးစီးပွား အကျိုးစီးပွားလို့
ဘွားကနဲ ဘွားကနဲ ထထအော်လို့
လက်ဆေးပါ
ကျွန်စစ်သားကို စောလူးမင်းက
ဆေးလိပ်ဖွာမပျက်ဘဲ
ကိုယ့်ဘဝနဲ့ ကိုယ့်အကြောင်းပေါ့
လို့ပြောလိုက်မှတော့
လက်ဆေးပါ
ပြီးခဲ့တာတွေလည်း ပြီးပြီ
မပြီးနိုင်တာတွေလည်း လက်စသတ်ဖို့

လက်ဆေးပါ
လောကဓံကို ကုပ်ခွစီးရင်း
သီချင်းလေး တညည်းညည်းနဲ့
လက်ကိုဆေးပါ
လက်တွေကို ဆပ်ပြာနဲ့ စင်ကြယ်အောင်
ဆေးကြောပါ
လက်ခုံ လက်ဖမိုး လက်ဖဝါး
လက်ဖျားထိပ် လက်ချွကြား လက်ဖနောင့်
မကျန်အောင်
အရေပြား အသွေးအသား အရိုးအကြော
အဆီအရွတ် မကျန်အောင်
လက်ဆေးပါ
ဖိနပ်တိုက်တဲ့ လက်တွေလည်း လက်ဆေးပါ
သေနတ်ပိုက်တဲ့ လက်တွေလည်း လက်ဆေးပါ
အကြံပိုင်တဲ့ လက်တွေလည်း လက်ဆေးပါ
အလံကိုင်တဲ့ လက်တွေလည်း လက်ဆေးပါ
လမ်းထိပ်မှာ အမှိုက်ပုံဖွနေတဲ့ ဂျလေဘီလေး
လက်ဆေးပါ
ပိုလ်ချုပ်ဈေးထဲက မုန့်လက်ဆောင်းသည်

အဒေါ်ကြီး လက်ဆေးပါ
ဗိုက်ထဲမှာ မမွေးရသေးတဲ့ ငါ့တူမကလေး
လက်ဆေးပါ
မိုင်ရာထောင်ချီ အကွာအဝေးက ငါမမြင်ဖူးတဲ့
သူငယ်ချင်းများ လက်ဆေးပါ
သမ္မတကြီး အိုဘားမား ခင်ဗျားလည်း လက်ဆေးပါ
အချစ်ရေ လက်တွေကို ဆေးကြောပါ
စင်ကြယ်တဲ့ လက်တွေကို ရှိုက်နမ်းလာမယ့်
ကမ္ဘာမြေရဲ့ ပလေတိုးနစ် မေတ္တာကို စောင့်ရင်း
လက်ဆေးပါ။

ပန်ဒိုရာ

虛掩著的金色大門 / 潘朵拉

一片又一片，重重疊疊立著
「嘟、嘟、嘟、嘟」地，乾扁扁的聲音
這些聲音有時用許多諾言進行關說
有時緩緩墊起腳尖隱去身影
有時又順著時間縱向移動奔跑跳躍
從這扇門，抒情詩打開了美洲
在這扇門後，現代性隱姓埋名藏匿
門中的鋼筆筆鋒，跨越過那些刀鋒
在這扇門上，雕刻著慈愛
從這扇門裡，信義破門而去
怪獸在尋找的，是小女孩阿布 *6 的門
在第七個鬼月，鬼魂們的地獄之門開啟
一扇門的腰上，有東西掛著
一些門則在荊棘裡苦不堪言
毀損碎裂、灰飛煙滅的門
懸掛著大鎖的門
被人用一半獎金賄賂的門

* 6：應是指《怪獸電力公司》的小女孩主角阿布。

跟不上新時代而落伍的門
即將停產絕跡的門
各種顏色的門——白色的、藍色的、棕色的、彩色的
選一扇吧，紅色的？黃色的？靠近的？還是模糊的？
然後輕輕推開，用你的小指指尖。

စေ့ရုံစေ့ထားတဲ့ရွှေတံခါးတော

တစ်ချပ်ပြီး တစ်ချပ် အထပ်ထပ် မတ်တတ်ရပ်နေကြ
ချပ် ချပ် ချပ် ချပ် နဲ့ ၊ ပြားချပ်ချပ် အသံတွေ
အဲဒီ အသံတွေဟာ ကတိကဝတ်တွေနဲ့ ၊ သံတမန်ခင်းလိုက်
ဖြည်းဖြည်း ခြေဖျားထောက်ပြီး ကိုယ်ယောင်ဖျောက်လိုက်
အချိန်နဲ့ ၊ တပြေးညီ ဒေါင်လိုက်ရွှေ့လျား ပြေးလွှားလိုက်
ဒီတံခါးကနေ လီရိကဟာ အမေရိကကို တွန်းဖွင့်ခဲ့
ဒီတံခါးနောက်မှာ မော်ဒန်နတီဟာ အိုင်ဒန်ဒတီမထင်ရှား ပုန်းအောင်းခဲ့
ဒီတံခါးထဲက ကလောင်သွားဟာ ဓားသွားကိုဖြတ်ကျော်ခဲ့
ဒီတံခါးပေါ် မေတ္တာတွေ ထွင်းထုထား
ဒီတံခါးကို သစ္စာဟာ ဖောက်ထွက်သွား
မွန်းစတား လိုက်ရှာခဲ့တာ ကလေးငယ် ဘူး ရဲ့ တံခါး
သတ္တမမြောက် တစ္ဆေကြီးလမှာ ဝိညာဉ်တွေကို ဖွင့်ပေးလိုက်တဲ့ ငရဲတံခါး
တံခါးတစ်ချပ်ဟာ ခါးကြားမှာ ခါးထစ်ခွင်ခံထားရတယ်
ဆူးကြားမှာ ခါးခါးသီးသီး သီးနေတဲ့ တံခါးတွေရှိတယ်

အစိတ်စိတ်အမွှာမွှာ လွင့်စင်ပျက်ကျသွားခဲ့သော တံခါးများ
သော့ခလောက်ကြီး ဟီးလေးခိုနေသော တံခါးများ
ဆုကြေးတဝက်နဲ့ လာဘ်ထိုးခံလိုက်ရသော တံခါးများ
အခင်းအကျင်းသစ်ကို မျက်ခြေပြတ် ကျန်ခဲ့သော တံခါးများ
မကြာမီ မျိုးရိုးဗီဇ တိမ်ကောပျောက်ကွယ်သွားတော့မည့် တံခါးများ
တံခါးရောင်စုံ ဖြူဖြူ ပြာပြာ ညိုညို ညက်ညက်
ရွေးလိုက်ပါ အနီလား အဝါလား နီးနီးလား ဝါးဝါးလား
လက်သန်းဖျားနဲ့ ပါးပါးလေးတွန်းဖွင့်လိုက်॥

၂၉.၈-၁.၉.၂၀၁၁

颯雅林

ဇေယျာလင်း

颯雅林（生於一九五九年）有一頭顯眼的長髮。這頭長
髮有一個有趣的故事。當年他任教於仰光大學（Yangon
University）時，老闆曾把他叫到辦公室去，然後命令他剪掉
頭髮。他拒絕配合，而且還辭職了。後來，他在仰光市中心
經營了一家成功的英文語言學校。他在緬甸推廣介紹後現代
詩及語言派詩（language poetry），因而享負盛名。

你什麼時候開始寫詩？

從九年級的時候開始。我很自然而然地就愛上了詩。

那你什麼時候開始想當一位專業詩人？

三十出頭的時候，我的一些詩作已經出現在文學雜誌上了，我感覺自己已經具備足夠的信心，可以稱得上是一位詩人，甚至是一個專業的詩人。

你都怎麼寫詩？

我試著每天都寫作。雖然並不是每次都寫出完整的詩作，有時是些草稿、筆記、偷聽到的對話片段、吸引我的圖片、想法等日常的生活經驗。如果夠幸運地感受到一點靈光，我就會跟著繼續寫下去。

我也會讀國內外其他詩人的詩作，這是我獲取能量的來源。這些能量會在我心裡積聚起來，帶我快速寫下一行又一行的詩或草稿。

我很少在一開始下筆就決定主題或是目標，相反地，我讓它們在寫詩的過程中形塑自己。我必須保持理性的自己，然後讓另一部分（另一個）的自己去接管創作的過程。當那個能量耗盡的時候，也是詩結尾的時候。創造力對我而言，是開放的、自由的、一種玩耍跟享受。

你覺得詩人在社會的角色是什麼？

跟散文不同，詩給予讀者一種道德上的力量，讓人相信更好的未來。詩人就是這樣幫助人民增強反抗軍政府的決心。

但是現在，我已經不再認為詩人是社會上「不被認可的立法者」[*1]這種曖昧或矛盾的角色。我開始覺得，自己的主觀性跟社會以及社會批判同等重要，同等真實。

那段六十年的獨裁時期如何影響緬甸的詩？

我們在獨裁統治下封閉孤立多年，造成了一定程度上的貧乏。雖然緬甸詩人跟前東歐詩人都生活在相似的社會政治體制之下，但前者創作詩的技藝並不像後者這麼老練。

而在影響力方面，一些詩人成了緬甸詩界的偶像，因為他們的詩反映出強烈的政治觀點。例如詩人拉丹（Hla Than）[*2]。

緬甸的教育系統之所以缺乏創意寫作（creative writing）課程，某部分要歸咎於，今日大部分的讀者都希望讀一些「清楚」、「直白」、還要「承載訊息」的詩，或是常常讀一些平庸之作。

---

*1：語出詩人雪萊的《詩辯》(A Defence of Poetry): "Poets are the unacknowledged legislators of the world."

*2：Hla Than 緬甸詩人，已於 2015 年逝世。曾榮獲緬甸詩人聯盟 (The Myanmar Poets Union) 辦的 2015 最佳詩人獎，2016 年國際詩歌節的慶祝活動時，由他的妻子代表他上台領獎。

現在緬甸的詩有什麼改變？

隨著 NLD（the National League for Democracy，全國民主聯盟）在國內取得部分勝利（軍方仍握有許多權力）之後，開始出現了一種表達自由的新風氣。

例如，我注意到年輕一代的女性詩人會書寫一些關於性別、女性主義或是性的主題，打破了長年以來傳統社會的性禁忌。我就認識兩位這樣的女性詩人，她們二十歲初頭就在詩中公開出櫃自己是雙性戀。

這在我們十分傳統保守的社會裡，是相當了不起的事。

這也看得出來，詩所具備的倫理道德責任，並沒有因為新的政治自由出現而消逝。相反地，還更擴及到其他議題上，例如土地使用與濫用、少數族群權利、同志權利、種族與宗教、環境保護主義、全球恐怖主義等等。

說到這些改變如何影響當代緬甸詩，我認為我們有更好的機會，可以學習更多、體驗更多，因此當代詩就變得更複雜。詩意密度更高，而修辭和論辯則越來越少。

我們這一代想要更多的藝術，更少的政治。

我們時常談論兩件事，政治（politics）及詩歌（poetry）。對我們而言，詩才是最重要的事。這並不意味著我們反對政治，這是完全不可能的事，因為甚至連我們呼吸的空氣都攸

關政治。然而我們想要關注的，是藝術作品的詩意本質。

你在緬甸引介了一種「語言派詩」的當代詩。

是的。語言派詩是一九六〇年代後期在美國出現的一種前衛詩派或趨勢。它把詩看作是語言本身的建構，是後現代詩的一種。

現在仍有人反對這種詩。

許多詩人仍將語言視為僅僅只是用來承載思想與情感的載體，而這些思想和情感都是「詩的素材」（'the stuff of poetry'）。語言的地位常常被置於思想、情感、主題或想傳達的訊息之後。

我已經說過很多次將重心擺在「語言」上的原因，那是因為我沒有像那些詩人一樣，有那麼多崇高的想法或感覺，所以我就玩玩語言遊戲。他們也不認識葛楚 · 史坦（Gertrude Stein）[3]、維根斯坦（Wittgenstein）[4] 以及查爾斯 · 伯恩斯坦（Charles Bernstein）[5]，他們是影響我寫詩的三劍客。

[3]：葛楚 · 史坦（Gertrude Stein，1874 － 1946），美國現代主義作家及詩人。

[4]：維根斯坦（Wittgenstein，1889 － 1951），二十世紀最有影響力的哲學家之一（出生於奧地利，後入英國籍）。他是當代西方哲學「語言學轉向」的代表人物。

[5]：查爾斯 · 伯恩斯坦（Charles Bernstein，1950 －），美國語言派詩代表詩人及重要理論學家。

跟我們談談關於你的詩〈用磚牆圍住家禽市集〉。

這首詩的靈感來自於之前我經過仰光的大雞鴨屠宰場時，聞到的一股惡臭，還有地上雞鴨的大便以及乾凝的血跡。我注意到，那裡的牆壁都被粉刷成潔淨的白色（天真、純潔），好似這樣就可以掩蓋牆後發生的屠殺。這可真諷刺。

寫那首詩的時候，審查委員會已經廢除了。我相信，我只是把那首詩當作一首詩來寫，而不是一份反對不公義的聲明。

用磚牆圍住家禽市集 / 颯雅林

塗上白色石灰，驚屎味是環境清潔的重心。
韻律上，思想上，殺生，東京炸雞，
尼拉香米飯 *6。艱深困難的感覺是割斷公雞的喉嚨
血好久都沒有停止。
在塵土中，是嗎？一致同意，是嗎？
不是該往的道路，是需要邊走邊築的
斷垣殘壁，墮落生活間，路。
是有一些臨時庇護所，一些可以輕易消化的標語，
不用動任何腦袋的措辭，牆上的磚塊們。
「不是故意講得讓你聽不懂，是我自己都沒有懂」。
不是想要切碎割裂，是想要拼貼連結。
將兩隻腳掛在三輪腳踏車後座之上，用同一條繩索
跟著去到另一個世界的有 10-12 隻。
陷入坑漥的時候，咕嘰咕嘰咯嘍咯嘍；
當車輪踩出坑外的時候，喔咿喔咿咯嘞咯嘞。
奮力地拍打著雙翼，打開鐵門
欲迎向太陽神的氣力。

---

*6：尼拉是仰光一個知名的印度香米飯餐廳，緬甸的印度香米飯一般都會搭配一個雞
　　腿出售。

太陽升起了。太陽落下了。太陽睡著了。

電視節目裡都沒有這些啊。電視節目只是為了娛樂。

我錯了。在第一行詩句裡的不是「驚」，

是「雞」。像這個樣子。我豎起雞冠，

挺起胸膛墊起腳尖。喔…咿…咿…

「喔」！一刀。只要一刀。在道路通車啟用儀式上

難民們帶著微笑，痲瘋病人們帶著希望

整齊排隊。我手中的小紙旗

不時揮動著以防止死去。聽到喊口號

就跟著喊口號。拍手鼓掌的時候，將紙旗上的竹片

塞在牙縫。振臂高呼的時候

從空蕩蕩的衣袖可以看出少了一整隻手。

天快亮了。雞鳴聲一口氣擠出喉嚨。

不對。像這樣，以真實的生活的聲音

（貌似），我再試著鳴叫一次

喔…咿…咿……。

ကြက်ဘဲဈေးကို အုၣ်နံရံကာလိုက်တယ်

ထုံးဖြူ(သုတ်လိုက်တယ်။ ကြောက်ဈေးနဲ့ဟာ စည်ပင်ဝန်းကျင်ရဲ့ဗဟိုပဲ။
သဒ္ဒါလက်ရ ၊ အတ္ထာလက်ရ ၊ ပါဠိကာတိပါတ ၊ တိုက္ချုဖရိုဒ်ချစ်ကင်းနဲ့ ၊
နီလာဒံပေါက်။ ခက်ခဲနက်နဲတဲ့ ခံစားမှုဟာ ကြက်ဖကိုလည်လှီးလိုက်တာ
သွေးဟာတော်တော်နဲ့မတိတ်ဘူး။
ဖုလုံးကြီးတွေထဲ ၊ ဟုတ်လား။ တစ်ခဲနက်ထောက်ခံကြ ၊ ဟုတ်လား။
သွားရမယ့်လမ်းမဟုတ်ဘူး ၊ သွားရင်းဆောက်သွားရတဲ့
ပြိုပျက်အဆောက်အအုံတွေ ၊ ခြားနေထိုင်မှုတွေကြား ၊ လမ်း။
ယာယီစခန်းတွေတော့ရှိတာပေါ့ ၊ အလွယ်တကူမြိုချလို့ရတဲ့စာသားတွေ ၊
ဘာမှစဉ်းစားစရာမလိုတဲ့ အဖွဲ့အစပ်တွေ ၊ နံရံကအုၣ်သားတွေ။
`နားမလည်အောင်ပြောနေတာမဟုတ်ဘူး ၊ နားကိုမလည်တာ ´ ။
ပိုင်းဆစိပ်မ္မာချင်တာမဟုတ်ဘူး ၊ ပေါင်းစပ်ဆက်မှီးချင်တာ။
ဆိုက္ကွားနောက်ခံပေါ်ခြေနစ်ဘက်ချိုတ် ၊ ကြီးတစ်စည်းမှာပဲ
ဘဝတစ်ပါးဆီစီးနင်းလိုက်ပါသွားကြတာ ၁၀ - ၁၂ ကောင်။
ချွင့်နင်းလိုက်ရင် ကလုကလုကလူးကလော်ကလော်ကလော် ၊
လမ်းပေါ်ဘီးတစ်ဘက်ပြန်ကျရင် အူအီးကလပ်ကလပ်ကလပ်။
တောင်ပံနစ်ဘက်အားရပါးရရှိရိုက်ခတ်လို့ ၊ ဘာဂျတံခါးဆွဲဖွင့်လို့
နေမင်းကြီးကို ကြိုဆိုပစ်လိုက်မယ့်ခွန်အားတွေ။
နေဟာထွက်သွားတယ်။ နေဟာဝင်လာတယ်။ နေဟာအိပ်သွားတယ်။

ရုပ်သံမှာ အဲဒါတွေလည်းမပါဘူးနော်။ ရုပ်သံဟာ သုတဖျော်ဖြေပဲ။
ကျွန်တော်မှားသွားတယ်။ ပထမလိုင်းမှာ `ကြောက် ´ မဟုတ်ဘူး ၊
`ကြောက် ´။ ဟောသလိုပေါ့။ ကျွန်တော်အမောက်ထောင်လိုက်တယ် ၊
ခြေဖျားထောက်ရင်ကော့လိုက်တယ်။ အောက် . . . အီး . . . အီး . . .
`အွတ် ´။ တစ်ချက်ပဲ။ တစ်ချက်တည်းပဲ။ လမ်းဖွင့်ပွဲမှာ
ဒုက္ခသည်အပြုံးတွေနဲ့ ၊ အနာကြီးရောဂါသည်မျှော်လင့်ချက်တွေနဲ့
တန်းစီရပ်လို့ ။ ကျွန်တော့်လက်ထဲက စက္ကူအလံလေး
မသေအောင်မကြာခဏလှုပ်လို့။ ကြွေးကြော်သံကြားလိုက်ရင်
ကြွေးကြော်။ လက်ခုပ်လက်ဝါးတီးရင် အလံရဲ့ ဝါးချမ်းလေး
သွားကြားညှပ်။ လက်သီးလက်မောင်းတန်းရရင်
လက်တစ်ဘက်လုံးမဲ့နေတာ အကျီ လက် ပတ်လက်မှာမြင်ရ။
မိုးလင်းတော့မယ်။ တွန်သံဟာ တစ်ချက်တည်းပမ်းထွက်သွားတယ်။
မဟုတ်ဘူး။ ဟောဒီမှာ ၊ ဘဝဖြစ်တည်မှုရဲ့ စစ်မှန်သောအသံ
(လိုလို)နဲ့ ကျွန်တော်ဟောသလိုပြန်တွန်ကြည့်ဦးမယ်
အောက် . . . အီး . . . အီး . . . . ။ ။

ဇေယျာလင်း

一支香菸 / 颯雅林

心很柔軟，也很堅硬
在不斷升起的煙霧之中
我們觀察著他
除了他所在的地方之外，他總是身在別處
他的身軀就是他的喉嚨
在那乾燥中，他過得非常安逸。
所謂喉嚨，即有骨骼，也有肌肉
還有一些沒有說出口的欲望和需求
我知道恐懼在哪裡喔
他的口腔裡還有牙齒嗎？
我們還需要將他的活動史
對照生命史來進行檢查嗎？
我看他
不是嘻皮笑臉就是淡乎寡味（比較可能是後者吧）
他的手指還夠他數自己的日子嗎？
「他的肺是他的喉嚨
他的痰則是他的心臟」（看這說的）
灌輸進去的是多少磅錯誤中的
幾公斤正確？（準確到甚麼單位？）

還能選擇的話，他還會如此選擇嗎？

我們來一起幫忙寫吧

十兩的秤砣有多少口煙？

不是沾滿整身的刺鼻氣味

是沾滿氣味的刺鼻身軀

他的生活至今氣味不改

在日新月異這類成語中

他悠閒地抽著一支短短的香菸

他的明天已經將他捆綁好了

這點我們倒是毫不懷疑

（當然也離不開我們的刻意舉動）

將香菸屁股掐熄在菸灰缸的樣子

好像將他的身與心強行切離

以贏得一切的姿態，他是

一縷香煙

輕柔地碎落在地板上

他墜落得

十分美麗。

ဆေးလိပ်တစ်လိပ်

စိတ်ခါတ်ဟာ ပျော့ညံ့တယ် . . . ပြီးမာကျောတယ်
အဆက်မပြတ်ထွက်နေတဲ့ မီးခိုးငွေ့ထဲမှာ
သူ့ကိုကျွန်တော်တို့လေ့လာကြည့်ကြတယ်
သူ့ရှိနေတဲ့ နေရာကလွဲလို့ သူဟာအမြဲအခြားမှာ
သူ့အကောင်အထည်ဟာ သူ့လည်ချောင်းပဲ
အဲ့ဒီခြောက်ကပ်မှုထဲမှာ သူနေပျော်နေတတ်တယ်။
လည်ချောင်းဆိုတဲ့အရာမှာ အရိုးရှိတယ် ကြွက်သားရှိတယ်
ထုတ်မပြောတဲ့အာသာဆန္ဒတွေ လိုအင်တွေရှိတယ်
အကြောက်တရား ဘယ်နားမှာဆိုတာလည်းသိတယ်နော်
သူ့ပါးစပ်ထဲမှာ သွားတွေကျန်သေးလား
သူ့လှုပ်ရှားမှုသက်တမ်းကို သူ့ရှင်သန်မှုသက်တမ်းနဲ့
ကျွန်တော်တို့တိုင်းထွာချက်တွေပြန်စစ်ဖို့လိုသေးလား
သူ့ကိုကျွန်တော်မြင်တယ်
ရယ်ကျဲကျဲမဟုတ်ရင်ရေကျဲကျဲ(ဒုတိယကများပါတယ်)
သူ့ရက်တွေသူ့ရေတွက်ဖို့ သူ့လက်ချောင်းတွေလောက်ရဲ့လား
`သူ့အဆုတ်ဟာ သူ့လည်ချောင်းဖြစ်ပြီး
သူ့ခွဲဟာသူ့အသည်းပေါ့´ (ပြောပုံကိုက)
ရှိက်သွင်းပစ်လိုက်တာအမှားဘယ်နပေါင်ထဲက
အမှန်ဘယ်နပိသလဲ (ဘယ်ယူနစ်ထိ တိကျလဲ)
ရွေးချယ်ခွင့်ရှိသေးရင် ဒီအတိုင်းပဲ သူ့ထပ်ရွေးချယ်မလား

ကျွန်တော်တို့့ပိုင်းဝန်းရေးပေးကြရအောင်
ဆယ်လေးတစ်လေး ဆေးလိပ်ဘယ်နဖွာ
တစ်ကိုယ်လုံးစွဲနေတဲ့ အနံ့စူးစူးမဟုတ်ဘူး
အနံ့စွဲနေတဲ့ တစ်ကိုယ်လုံးစူးစူး
သူနေထိုင်မှုဟာ ဒီနေ့အထိအနံ့မပြောင်း
နေ့မြင်ညပျောက်လို့ဆိုရိုးစကားထဲမှာ
သူဟာအေးဆေးပဲ ဆေးလိပ်တိုလေးရှိုက်ဖွာ
သူ့မနက်ဖြန်ဟာသူ့ကိုချည်ပြီးတုပ်ပြီးသား
ဒါတော့ ကျွန်တော်တို့ သံသယကင်းကင်းပြောရဲတယ်
(ကျွန်တော်တို့ရဲ့ အထူးပြုလုပ်ချက်လည်း မကင်းဘူးပေါ့ဗျာ)
ဖင်စီခံကိုပြာခံခွက်ထဲချေလိုက်ပုံဟာ
သူ့စိတ်နဲ့သူ့ကိုယ်ကို အဓမ္မပိုင်းပစ်လိုက်ပုံမျိုး
အားလုံးကိုအနိုင်ပိုင်းလိုက်တဲ့ပုံနဲ့ သူဟာ
မီးခိုးမျှင်လေးပေါ်
ကြမ်းပေါ်ကြွေသွားလိုက်တာမှတကယ်ဖွဖွလေး
တကယ်လှုလှုလေး
သူလဲကျသွားတယ်။ ။

၅၊ ဖေဖော်ဝါရီလ ၊ ၂၀၀၄

ဇေယျာလင်း

欽昂埃

ခင်အောင်အေး

欽昂埃（出生於一九五六年）是《緬甸詩人的故事書》得以
存在的原因。他是我們的顧問，帶著我們順利地穿梭在數千
名緬甸詩人之間，其中許多人的詩作從未被翻譯過。他可說
是當代緬甸詩的領航員，也是那一代極受尊重的詩人之一。
他的眼光毫不庸俗，對藝術的態度相當簡樸嚴肅，有如隱修
士一般——最後這一點並不奇怪，因為他曾經出家當了一年
的僧侶。

跟我們談談你的生活。

我在仰光出生。自有記憶以來，我們家就搬到毛淡棉（Mawlamyine）。那時我們全家都住在一起，包括爸爸、媽媽、姐姐和我。

我大概七歲的時候，父母分開了。姐妹和我被送去苗秒縣（Myaungmya）跟阿姨住一起。我們在那裏住了兩年。等到所有離婚手續都完成了，母親就來接走我們。她在若開邦（Rakhine State）有一個小小的養雞場。接著母親再婚。我又回去找父親，因為我不想跟繼父住一起。之所以提這些細節，是因為童年記憶很重要，有如電影開場般為我後來成為詩人的生活拉開序幕。

所以我再次回到仰光。青春期的時候，開始跟家裡有了些摩擦；曾逃家兩次。我那時開始對女生感興趣，一下愛上這個女孩，一下又勾搭上另一個。她們給了我寫詩的靈感，同時我也在課本上讀一些古典緬甸詩歌。

我非常喜歡這些詩讀起來的音律。我模仿他們的風格，自己也寫了一些詩。

再後來，我在潑水節上遇見了我姐妹的朋友。我們對彼此互有好感，可是之後發生了一些事，最後心碎收場。這件事刺激了我創作更多的詩。她的名字叫欽婗埃。我拿來做筆名，在她的名字中間安插了一個昂字，變成欽昂埃，這個筆名我

一直沿用至今。她是我的初戀，我此生的摯愛。

高中畢業後進了仰光大學。朋友和我出版一些手寫的小詩冊。受到我表親的影響，他給我看了一些自己寫的詩（非常艱澀），也變得越來越投入創作，於是只寫情詩已經不夠。他還跟我分享許多跟詩有關的書籍，有一本貌達諾翻譯的西洋詩選集《松影之蔭》（*Under the Shade of the Pine Tree*，*1968*）更是開啟了我的眼界。自那時起，我更強烈的渴望成為一名詩人。

大學三年級的時候，母親又再次離婚，而父親則跟我斷絕了關係。我參加了學校裡的一個藝術課程，成為大學藝術協會的成員，認識了許多年輕學生藝術家，彼此相處融洽如手足，一起畫畫、一起寫詩。這些都是促成我日後走上詩人之路的重要時刻。

一九七九年我結婚了，這事來得有點出乎意料。除了寫詩之外，我沒有做過太多其他的工作，直到太太有了我們的第一個孩子。接著第二個孩子出生。我了解到，該是時候找個工作了。剛結婚的頭五年，我曾做過四到五個不同的工作。平時習慣隨身帶著一本筆記本寫詩，大多是隨手寫下、未完成的句子。有時，我會研究一下筆記，然後將一些句子或段落串連起來，變成一首首更完整的詩。

一九九〇年，我破產了。我去了曼德勒（Mandalay）。在曼

德勒，我的詩作美學有了一些轉變。那裡發生許多來自軍政府的壓迫，當地的印刷及出版有非常多的限制，就連複印也有很高的風險。當時我偷偷出版了一本小詩冊《詩集一九九〇》（*Poems, 1990*），即便我知道這麼做非常危險。

二〇〇〇年，詩人貌必明邀我一起合作一本書。我給他這本小詩冊裡收錄的幾首詩。這些詩被提交到審查單位時，他們要求從我其中一首長詩裡刪掉一些詩句。我並不想照做，所以乾脆把整首詩拿掉。最後僅有五首被出版。那首我拿掉的長詩，後來被翻譯成英語，收錄在第一本英譯的緬甸詩選集《骨將鳴》（*Bones Will Crow*）之中。一首一九九〇年寫的詩，卻是直到二十年後，才在一個遙遠國度裡出版。很不可思議，對吧？

一九九〇至二〇〇〇年間，越來越多事情發生。我曾在一家泰國商人開的海鮮出口公司上班，還升上了經理、接著是理事。一九九四年，我去了新加坡工作。有一次還被任命為一家公司的企業代表。一九九六年，我剃髮出家。起初我以為這只是短暫的。但是後來想要終身留在寺廟裡生活。然而，一年後，我還俗了。我的女兒們都長大了，她們需要我。

這些人生中的起起伏伏，滋養了我的詩作。

二〇〇五年，我本來有意移居新加坡，不過後來並沒有成功。泰國的前老闆邀我到曼谷（Bangkok）去，跟他一起經營小

生意。我搬去曼谷找他，他卻在二〇〇九年心臟病發死了。所有事情都隨之停擺結束，我整個人變得消沉。

我逃回了詩的創作裡。與此同時，緬甸詩正歷經一段從「現代到當代」的重大變革。我的朋友颯雅林，進行一些關於當代詩的翻譯與創作，我閱讀後開始嘗試一些新的技巧。二〇一〇年，我又重新獲得了寫作動力，還開了一個部落格，跟一些舊雨新知交流互動。二〇〇九年至一三年間，我有一些機會參加了歐洲及其他國家的詩歌節。那些經歷給了我更多啟發及力量繼續寫作。我女兒現在在倫敦工作。在她的經濟資助之下，我得以無後顧之憂，將所有時間都投入寫詩。

生活在一個不自由的社會之中，你的詩受到什麼影響？

寫作的時候，我總是毫無顧忌，就當自己是在沒有任何限制的狀況下寫作。確實，在不自由的社會裡總讓人感到緊張、窒息。然而，這從來沒有影響我的創作。我不在乎我的詩作是否被出版。有時候，審查員會從我的詩作中抽出幾頁，不讓雜誌出版。我根本不在乎，因為我是為了寫詩而寫詩。出版與否、出名與否，都不是我的目的。

你能跟我們談談何謂創造力嗎？

我認為創造力包含了你的所有才能，並且不斷學習、實踐以及努力投入。沒有詩的生活對我來說毫無意義。若少了詩，我的日常生活將了無生機，甚至澆熄我想要繼續活下去的渴望。

在仰光搭乘公共汽車 / 欽昂埃

不想忘記的
必須忘記的生活
想忘記的
不能忘記的生活
每天在擁擠的公車上
或者說，在心靈被極端擠壓的
那些公車上
將身體硬生生拋上之後
遺忘
遺忘
忘掉自己
忘掉自己的生活
忘掉那些
留在家中的親友
忘掉那些
自以為會成功的事
忘掉公車
正在傾斜著行駛
忘掉自己或有或無的價值

忘掉那位
大總統的名字
忘掉翁山蘇姬
忘掉自己要下車的站名
忘掉生活
忘掉站務員那
好像被水泡過一夜，又被人狠狠踩過的包子臉
忘掉政治
好了，好了，已經忘了
已經忘了一切
這樣就得到民主了嗎？

ရန်ကုန်မှာ ဘတ်စ်ကားစီးခြင်း

ချင်တာတွေကို
မွေ့ထားရတဲ့ ဘဝတွေ
မချင်တာတွေကို
မွေ့ထားလို့မရတဲ့ ဘဝတွေ
နေ့စဉ်လူကျပ်တဲ့ ဘတ်စ်ကားပေါ်
ဒါမှမဟုတ် စိတ်ပိုင်းဆိုင်ရာ ညပ်ပိတ်နေတဲ့
အဲဒီ ဘတ်စ်ကားတွေပေါ်
ခန္ဓာကိုယ်ကို အစိမ်းတိုက်ပစ်တင်
မွေ့ထားလိုက်
မွေ့ထားလိုက်
ကိုယ့်ကိုယ်ကို မွေ့ထားလိုက်
ကိုယ့်ဘဝကိုကိုယ် မွေ့ထားလိုက်
အိမ်မှာ ကျန်ရစ်တဲ့မိသားစုတွေကို
မွေ့ထားလိုက်
ကိုယ်ဖြစ်မြောက်နိုင်နဲ့ လာခဲ့တဲ့
ကိစ္စတွေကို မွေ့ထားလိုက်
ဘတ်စ်ကား စောင်းငန်းကြီးသွားနေတာကို
မွေ့ထားလိုက်
ကိုယ့်မရှိမဲ့ ရှိမဲ့ တန်ဘိုးတွေကို မွေ့ထားလိုက်
သမ္မတကြီးနံမယ်ကို

မေ့ထားလိုက်
ဒေါ်အောင်ဆန်းစုကြည်ကို မေ့ထားလိုက်
ကိုယ့်ဆင်းရမယ့် မှတ်တိုင်ကို မေ့ထားလိုက်
ဘဝကို မေ့ထားလိုက်
စပယ်ရာရဲ့ ပေါင်မုန့်ကို တစ်ညအိပ်ရေစိမ်ပြီး
ဖနောင့်နဲ့ နာနာပေါက်ထားတဲ့ ရုပ်ကို မေ့ထားလိုက်
နိုင်ငံရေးကို မေ့ထားလိုက်
ကဲ ကဲ မေ့ထားလိုက်ပြီ
အားလုံးကို မေ့ထားလိုက်ပြီ
ဒါဆို ဒီမိုကရေစီ ရပြီတဲ့လား॥ ॥

၁၆ အောက်တိုဘာ ၂၀၁၃ တာမွေ ၂၂:၅၈ နာရီ

ခင်အောင်အေး

槍枝與乳酪 / 欽昂埃

紅色的圓圈中，米老鼠的圖像出現
藍色的描圖紙上，畫著一艘輪船的草圖
開往哥倫布沒有找到的隱形島嶼
盤尼西林的發現、功用與人類無止盡的懊悔
親吻和表現親吻的藝術，以及關於它們的神祕經驗
占後人便宜的，對後人並不溫和的各種遺產
搗碎火藥放進去時，還得估算一下讓它利於點火
乳酪不成功的移動了。

သေနတ်နဲ့ ဒိန်ခဲ

အနီရောင်စက်ဝိုင်းကနေ မစ်ကီးမောက်စ် ပုံပေါ်လာ
အပြာရောင်ဆီစိမ်စက္ကူပေါ် သင်္ဘောတစီး ပုံကြမ်းရေးခြစ်ထား
ကိုလံဘတ်စ် ရှာမတွေ့ခဲ့တဲ့ ကိုယ်ပျောက်ကျွန်းတွေဆီ
ပင်နယ်စလင် ရှာဖွေတွေ့ရှိပုံ အသုံးဝင်ပုံနဲ့ လူသားရဲ့ မပြီးဆုံးစတမ်း နောင်တတရားများ
အနမ်းနဲ့ အနမ်းအပေါ် တင်ဆက်မှု အနုပညာများရဲ့ လျှို့ဝှက်သည်းဖို အတွေ့အကြုံ
နောင်လာနောက်သားများ အပေါ် မချောမွေ့တဲ့ အသားယူလက်ဆင့်ကမ်းချန်ရစ်မှုတွေ
ယမ်းမှုန့်ကိုထောင်းထည့်ကာ မီးပေါက်မီးကူး ကောင်းအောင် ချိန်ညှိရတယ်
ဒိန်ခဲ ကိုမအောင်မမြင်ရွှေ့မိခဲ့ပုံ။ ။

ခင်အောင်အေး
၂၁ နိုဝင်ဘာ ၂၀၀၉ စင်္ကာပူစံတော်ချိန် ၁၅း၂၂ နာရီ

悲傷的歷史陳列 / 欽昂埃

未來的大多數年份
是一些兀自錯誤著的時鐘刻度。

凝視之間
字句們一片片往下剝落
扭曲筋骨以防止哭泣
像一個大病初癒的患者
迷糊地觀察周圍的一切。

這些
是從全身鏡中所見到的
令人厭惡的
我的平凡生活。

在河岸上
我拾獲了一些星星。

စိတ်ကြေကွဲရမှုရာဇဝင်အခင်းအကျင်း

နောက်ထပ်နှစ်တွေ ခပ်များများဟာ
သူ့အလိုလိုမှားနေတဲ့ နာရီဒိုင်ခွက်တွေပေါ့။

စိုက်ကြည့်နေတုန်း
စကားလုံးတွေ အဖတ်လိုက်အဖတ်လိုက်ကွာကျ
ငိုမချမိအောင် အကြောတွေတွန့်လိပ်ရ
အဖျားကျစ လူနာလို
ဘေးဘီကို မင်သက်မိရနဲ့။

အဲဒါ
ကိုယ်လုံးပေါ်မှန်ချပ်ကြီးထဲမှာ
ငါ့ရဲ့ ပုထုဇဉ်အဖြစ်ကို
မလိုတမာတွေ့လိုက်ရတာပါ၊

မြစ်ရဲ့ကမ်းနဖူးမှာ
ကြယ်တာရာတချို့ ကောက်ယူစုဆောင်းမိတာပါ။ ။

ခင်အောင်အေး

自畫像 / 欽昂埃

前臂上
什麼也沒有留下。

手指關節粗大、起皺、開始轉黑
兩隻手背上，鼓起的、青綠的
明顯血管，

抬頭往上一看
幾乎透明的扁桃樹葉，

我啊
並不只是站在路口呆望
而是站在五十多年的回憶中
呆望一切。

ကိုယ်တိုင်ရေးပုံတူ

လက်ဖျံပေါ်မှာ
ဘာမှ မကျန်ရစ်ခဲ့ဘူး။

လက်ဆစ်တွေ ကြီးထွား အရစ်ထ ညှိမည်းစပြု
လက်ခုံနှစ်ဖက်မှာ ဖောင်းပြီး စိမ်းလာတဲ့
သွေးကြော ထင်းထင်းကြီးတွေ၊

မော့ကြည့်တဲ့အခါ
အလင်းပေါက်လုမတတ် ဗန်ဒါရွက်တွေ၊

ငါဟာ
လမ်းထိပ်မှာတင် ရပ်ငေးနေတာမဟုတ်
အနှစ်၅၀ကျော် အတိတ်တခုလုံးထဲ
ရပ်ငေးနေမိ။

ခင်အောင်အေး

美瑞

美瑞（出生於一九九一年）來自緬甸最南方的一個沿海城市
丹老（Myeik），面臨安達曼海（Andaman Sea）。她是當今
緬甸一流的年輕女性詩人之一，主要受到颯雅林的影響，常
寫當代語言派詩。

你是什麼時候搬到仰光的？

我們全家搬到仰光的時候，我九歲。我歷經了一場文化衝擊，當地的人都取笑我們的丹老口音。除了跟兩三個朋友之外，我不敢跟其他人說話，也不敢在公開場合說話。這種感覺延續到今日，每當我在公開場合念自己的詩作時，我總是感到害怕，然後全身發抖。

你什麼時候開始寫詩？

從我青少年的時候開始。每當我在雜誌上讀到一首詩，就想自己也寫一首。我當時根本不知道寫詩需要學習。我就只是寫下自己的感覺。但是寫詩不是直接把感覺寫下來就可以，它需要創造。詩中的文字需要詩人的精心安排，才會有美感。不僅是詩，烹飪也是這樣。食材組合同樣是一種創造，一種藝術。你必須研究它的每一個部分，就像如果添加另一種食材的話，洋蔥嘗起來是什麼味道？當你要創造一首詩的時候，你必須認識不同的詩可以怎麼寫。

在學校的時候，老師說，藝術毫無用處，是魯蛇才會做的東西。如果你想走藝術這條路，你會餓死。年輕學生總是收到這樣的訊息。我想要寫詩，但我的朋友們沒有一個人對詩有興趣。我們在學校裡學詩，卻沒有人看重詩。

那政治呢？

軍政府讓年輕人對政治冷漠。我大部分的朋友到現在都還是對政治不感興趣。當然，新政府上任後「政治」變得流行起來，到處都可以聽到這個詞。現在開始有人關心政治，不過還是有人不關心。這個時代變得很混亂。

你把反抗的精神刺在皮膚上。

我從四、五歲開始，就喜歡上刺青。但是直到二十歲的時候，才有勇氣去刺。大部分的人都對刺青的人印象不好，有些人以為我刺青或是喝酒、抽菸，只是為了表示男人可以做的事，我也能做。其實我並不在乎性別差異，我做這些事只因為我想做、喜歡做。

在人際關係中，也是尋求這樣的自由嗎？

我只會跟接受我的人交往，無論男人或女人。現在，我比較喜歡女生。她們比較善於經營關係。身邊的人都批評說，我跟女生混在一起很噁心，要我不要違背自然。我反問他們：什麼是自然？人都有選擇的權利。如果你只是照著別人怎麼做就怎麼做，這種人生毫無意義。你有你自己的生活，屬於自己的存在。你必須順從自己的想像，不然，就乾脆回到軍政府時代去吧。

你平常的工作是什麼？

過去兩年，我曾做過機場服務人員。每當我回到家，我仍想著工作的事，腦子充斥著不滿及怒氣。我無法閱讀，也無法寫作。我沉浸在鬱悶之中。這兩年我唯一做的事情就是存錢。我有許多空白的紙，卻不再寫詩，也不再思考。所以我後來辭職了，我會再找其他工作。

在你的生活中，詩的地位是？

對我來說，詩不是最重要的事，但它與我息息相關。如果我無法寫詩，我就會陷入苦悶，失去活著的希望。詩在我體內，詩就是我。我存在，詩就存在。一旦我消失，詩也跟著消失。

20 歲還要加 1 的她 / 美瑞

20 歲還要加 1 的她
朝向他的每一個右腳（步）都緩緩地踩著煞車。
每逢轉彎
請換檔
請按喇叭
請注意後方來車，時常注意後方來車。
他呼叫，你呼叫，在半路被撞倒的電話通訊
說這到那，說那到這，時間到了就回家的飛機航線
抵達的旅客，出發的旅客，所有旅客。
熱褲短短，裙子短短，也不會走光是指
不要想著將我與一般穿著熱褲圍著鋼管跳舞的馬子們
混為一談是說
在我的熱褲口袋裡，隨時放著詩歌。
為使所有的書寫都完整地展現自己的風格，將噪音
降低到只剩下一種
呼吸的聲音。你只能用這種沉默，抗議一切。
一窩蜂湧現，又一窩蜂消散的
命運

沒經驗就去處理的話，會走火的電路板碎片

在房間的角落

夜夜用夜壺方便般的，寫詩

開關夜燈的「塔塔」聲

反正不會驚醒任何人

一開始要搬家的時候，就選擇了一個單人房間

（掌聲）

朗讀時她停了一下。她吞了一口口水

大家卻鼓起掌聲。關於那個房間

還有多少？他們大聲詢問。如果是安排好的掌聲

就請停止吧。她已經離開好一陣子了，而且

沒有寫下最後一句。

၂၀ မှာ ၁နှစ် ပေါင်းဦးမယ့် သူမ

၂၀ မှာ ၁နှစ် ပေါင်းဦးမယ့် သူမ
သူ့ဆီသွားမယ့် ညာခြေ(လှမ်း)တိုင်း ဘရိတ်ကို ဖြည်းဖြည်းလေးလေးအုပ်။
အတွေ့တိုင်းမှာ
ဂီယာချိန်းပါ
ဟွန်းတီးပါ
နောက်ကားကြည့်ပါ နောက်ကား အမြဲကြည့်နေရတာ။
သူ့ခေါ် ကိုယ်ခေါ် လမ်းတစ်ဝက်မှာ တိုက်မိ လဲကျသွားတဲ့ တယ်လီဖုန်း ဆက်သွယ်မှုများ
ဒီဆိုတို ဟိုဆိုဒီ အချိန်တန်အိမ်ပြန် လေကြောင်းလိုင်းများ
ဆိုက်ရောက်ခရီးသည်များ၊ ထွက်ခွာခရီးသည်များ၊ အားလုံးခရီးသည်များ။
ဘောင်းဘီတိုတို စကတ်တိုလို ဖော်မပင်ဘူးဆိုတာ
ဘောင်းဘီတိုကို တိုင်ပွတ် ကနေတဲ့ ဟန်နီတို့လို ယေဘုယျအားဖြင့်ထဲ
အတင်းထည့်ဖို့ မကြိုးစားနဲ့ဆိုတာ
ဘောင်းဘီတို အိတ်ကပ်ထဲ ကဗျာအမြှပါတာ။
ရေးသမျှ မင်ရေထွက်ပြီး မှင်သေသေရေးထွက်ဖို့ ဆူညံသံကို
အသက်ရှူသံ တစ်မျိုးသာ ကျန်တဲ့အထိ
လျှော့ချ အားလုံးကိုဒါပဲ ခမျာမှာ ဆိတ်ဆိတ်နေခြင်းနဲ့ အာခံတယ်။
အစုလိုက် အပြုံလိုက်တက်လာပြီး အစုလိုက် အပြုံလိုက် ဆုတ်ခွာသွားတတ်ကြတဲ့
ကံတရားဟာ
မကျွမ်းဘဲကိုင်ရင် အကုန်ကျွမ်းသွားမယ့် ဆားကစ်အပိုင်းအစတွေ
အခန်းထောင့်မှာ
ညရေးညတာ ဆီးအိုးလိုပဲ ကဗျာရေးကဗျာတာ

ညမီးကို တောက်ခန့် တောက်ခန့် ဖွင့်ပိတ်သံမှာ
ဘယ်သူက တစ်ရေးနိုးမှာမှ မဟုတ်တာ
စရွှေ. စရွှေးကတည်းက တစ်ယောက်ခန်းပဲလေ
(လက်ခုပ်သံ)
သူမ ရွတ်ရင်းတန်းလန်း တစ်ထောက်နား။။ တံတွေးမျိုချတာကို
လက်ခုပ်တီးကြတယ်။။ အဲဒီအခန်းအကြောင်း
ဘယ်အထိ ဆက်မှာလဲလို့ သူမကို အော်ပြောခဲ့တယ်။။ အစီအစဉ်အရ လက်ခုပ်သံဆို
ဆက်မတီးနဲ့တော့။။ သူမ ထွက်ပျောက်သွားတာ အတော်လေးကြာပြီ ပြီး
နောက်ဆုံးတစ်ကြောင်းကို မရေးခဲ့ဘူးလေ ။ ။

မယ်ဖွေး

就這樣，到了 1 月 / 美瑞

白紙們，一疊疊飛行
打開窗戶
是否會四處飄散？碎片們
還需要黏貼嗎？
戀人們覺得？

問題在「看見」與「存在」之間
接連與連結之後
我想吃一碗辣羊肉，寶貝

火爐上的沸騰，月月準時
那開關，誰又來開啟過？
死去的卵子們，浸到了棉布裡面

新的瘋狂以一個孩子的形象出現
逐漸明顯的你眼中的黑痣
拿走我的眉棱和鼻子
我出生時剩下的精蟲就已經死了
我自己也沒有什麼蟲，不好意思

最糟糕的是那片綠色的原野上沒有任何樹木。沒有任何一棵樹木
為了烏鴉生長。他們飛走也不是什麼稀奇的事

星光燦爛的夜晚
存在是
那些尚未墜落的星辰

只有我的想念才會讓你再想念吧
轉進巷子裡的，難道都是希望？
等待已經收走了它的凳子
就這樣到了1月。我決定忘記鎖上房間

清醒後眉棱上有兩個點
所有都變得灰濛濛
恐懼從何產生？
給我鼻吸劑，鼻吸劑
樹木太過強壯，以致從我的眉骨隆起。

ဒီလိုနဲ့ ဇန်နဝါရီ

စက္ကူဖြူတွေ အုပ်လိုက် ပျံသန်း
ပြူတင်းပေါက်များ ဖွင့်လိုက်ရင်
လွှင့်ပြယ်ကုန်ကြမလား အပိုင်းအစတွေ
ဆက်ဖို့ လိုအပ်သလား ဆိုတော့
ချစ်သူတို့ရဲ့ သဘောကော ဘယ်လိုရှိသလဲ

ပြဿနာက `တွေ့´ နဲ့ `ရှိ´ ကြားမှာ
ဆက်စပ်နဲ့ ပေါင်းစပ် ပြီးရင် ဆီတ်စပ် တစ်ပွဲလောက်
စားချင်တယ် ဘေဘီ

မီးဖိုပေါ်မှာ ဆူဝေခြင်းတွေ လစဉ်အချိန်မှန်
ခလုတ်ကို ဘယ်သူလာကိုင်နေပြန်ပြီလဲ
ဉအသေတွေဟာ ဂွမ်းစထဲ စိမ့်ဝင်ပျံ့နှံ့သွားကြတယ်

ရှုံးသွပ်မှုအသစ်အဖြစ် ကလေးတစ်ယောက်ပုံပေါ်လာတယ်
တဖြေးဖြေး ထင်ရှားလာတဲ့ မင်းရဲ့ မျက်ဝန်းထဲက မှဲ့
ငါ့မျက်ခုံးနဲ့ နှာတံ ကို ယူလိုက်
ငါမွေးလာကတည်းက ကျန်တဲ့ ပိုးကောင်တွေ သေကုန်ကြပြီ
ငါ့မှာလည်း ဘာကောင်မှ ပါမလာဘူး ဘာမှ မတတ်နိုင်ဘူး

အဆိုးဆုံးက အဲဒီ စိမ်းလန်းသော ကွင်းပြင်ကြီးမှာ ဘာသစ်ပင်မှ ရှိမနေဘူး။ ကျီးကန်းတွေအတွက်
ဘာသစ်တစ်ပင်မှ ပေါက်ရောက် မနေဘူး။ သူတို့ ပျံပြေးသွားတာ အဆန်းတော့ မဟုတ်ဘူး

ကြယ်စုံတဲ့ည
ရှိမှုဟာ
မကြွေရသေးတဲ့ ကြယ်တွေ

ငါ့ရဲ့. သတိရခြင်းကပဲ မင်းကို သတိပြန်ရစေလိမ့်မယ်
လမ်းထဲ ချိုးကွေ့.ဝင်လာသမျှ မျှော်လင့်ချက်တွေချည်းပဲလား
စောင့်ဆိုင်းခြင်းက ခွေးခြေခုံတွေ ပြန်သိမ်းလိုက်ပြီ
ဒီလိုနဲ့ ဇန်နဝါရီ။ ဆုံးဖြတ်ပြီးတော့ ချက် မချမိတဲ့ အခန်းတွေ

သတိပြန်လည်လာတော့ မျက်ခုံးမှာ နှစ်ပေါက်
အရာရာဟာ ပြာသွားပြီ
ကြောက်စိတ် ဘယ်ကလာသလဲ
ရှူဆေးပေးပါ ရှူဆေး
သစ်ပင်ဟာ ခိုင်မာလွန်းလို့ တဲ့ မျက်ခုံးကနေ ဆွဲလှုန်သွားတယ် ။ ။

မယ်ဟွေး

就這樣，到了 2 月 / 美瑞

花束、巧克力、酒店、印度甩餅、死亡的道理
紙張頁面已無法限制我
我不認識總統，除了吃飯、睡覺和剪指甲之外
生活是什麼？愛情是什麼？
路旁的兩條長髮。那些短髮的在嘲笑我
香菸、詩歌、褲子、手指
真為我好就別光說不練，點燃
鋁箔。這是不能睡眠的時段
　　　這是不能咀嚼的傷痛
　　　這是大著的舌頭
　　　那些閃亮的光輝。很多時候只能用言語
結束。例如：真多事。自顧自咳不停的
嗽，夜夜忙著吐痰，連太陽在哪裡都搞不清楚
欲望。只有車輪們，無論你在何方都不停地轉動。加油時
想要抽菸，想起要打電話，因為是歪著的罐子 *1
蚊子超級愛叮。10：10
　　　　　為了一封傳進來的簡訊
　　　　　回覆了一整個人生。也不是十六歲了

不要笑。樹葉們動得可厲害了，花園中的情侶
回到了電影院。郭玉百 *2 呀，螢幕亮起的時候
黑暗的世界才會變得光明。飢渴的翅膀們
把「不準咬」*3 噴滿了整個人生。我愛她
小疙瘩熱辣辣地通紅，可留念的傷疤
小疹子、小腿、大腿，於是，初夏，然後，什麼月份？
到嘴邊又突然忘記。

*1：原文即可指鍋子，也可指罐子，而罐子在俚語中常被用來比喻女生的臀部，這裡
　　應該是以此暗喻女孩子招蜂引蝶。

*2：緬甸人在稱呼年輕男性時，前面都會加上尊稱：「郭」。「玉百」應該是指本書
　　中的另一位詩人，本詩作者與他是同鄉。

*3：「不準咬」是緬甸一個防蚊液品牌的名稱。

ဒီလိုနဲ့ ဖေဖော်ဝါရီ

ပန်းစည်းများ ချော့ကလက်များ ဟိုတယ် ပဲပြုတ်နံပြား သေခြင်းတရား
စာမျက်နှာဟာ ငါ့ကို မကန့်သတ်နိုင်တော့ဘူး
သမ္မတကို ငါ မသိဘူး အိပ်ဖို့ စားဖို့နဲ့ လက်သည်းညှပ်ဖို့ကလွဲရင်
ဘဝဟာ ဘာများလဲ အချစ်က ဘာများလဲ
တစ်ဖက်ယာဉ်ကြောက ဆံပင်ရှည်နှစ်ရှည်။ အတိုတွေက ငါ့ကို လှောင်တယ်
ဆေးလိပ်များ ကဗျာများ ဘောင်းဘီများ လက်ချောင်းများ
တကယ်ကောင်းစေချင်ရင် လာလာမပွားနဲ့ ရှို့ပေးလိုက်
ခဲပတ်များ။ ဒါက မအိပ်မယ့် အချိန်

ဒါက ဝါးလို့မရတဲ့ ဝေဒနာ

ဒါက ထူနေတဲ့ လျှာ

အဲဒီ လင်းလက်တောက်ပမှုများ။ များသောအားဖြင့် စကားလုံးတွေနဲ့ပဲ
ပြီးလိုက်ရတယ်။ ဥပမာ- စောက်ပိုတွေ။ တစ်ကိုယ်ရေ တစ်ကာယ ထထဆိုးတဲ့
ချောင်းတွေ ညညဆို သလိပ်ထုတ်နေရတာနဲ့ နေဟာ ဘယ်မှာနေမှန်း မသိလိုက်ဘူး
အာသာ။ ကားဘီးတွေသာ နင်ဘယ်မှာနေနေ လိုမ့်နေလိုက်ကြတာ ဆီဖြည့်နေစဉ်မှ
ဆေးလိပ်သောက်ချင်လာတာ ဖုန်းပြောဖို့ သတိဝင်တာ ရွှဲနေတဲ့ အိုးမို့
ခြင်တွေ စောက်ရမ်းကိုက်တာ။ 10:10

ဝင်လာတဲ့ မက်ဆေ့ တစ်စောင်ထဲနဲ့

တစ်ဘဝလုံး ပြန်ပို့လိုက်တယ်။ ဆယ့်ခြောက်နှစ်လည်း မကာတော့ဘူး

ရီ မနေနဲ့။ သစ်ရွက်တွေ လှုပ်နေလိုက်ကြတာ ပန်းခြံထဲက စုံတွဲ

ရုပ်ရှင်ရဲ့ထဲ ပြန်ရောက်သွားတယ် ကိုယ်ယုပိုင်ရေ ပိတ်ကားတွေ လင်းမှ

အမှောင်လောကဟာ တောက်ပလာတယ် ဆာလောင်နေတဲ့ အတောင်ပံတွေ

`မကိုက်ရ´ ကို တစ်ဘဝလုံးလုံး ဖြန်းပစ်လိုက်တယ် သူမကို ကျမ ချစ်တယ်

အဖုလေးတွေဟာ စပ်ဖျင်းဖျင်း ရဲခံနဲ့ အမှတ်တရ အမာရွတ်များ

အစက်အပြောက် ခြေသလုံး ပေါင်သား ထို့နောက် နွေ့ဦး ပြီးတော့ ဘယ်လလဲ

လျှာဖျားလေးတင် မွေ့(မျော) သွားတယ် ။ ။

မယ်ဃွေး

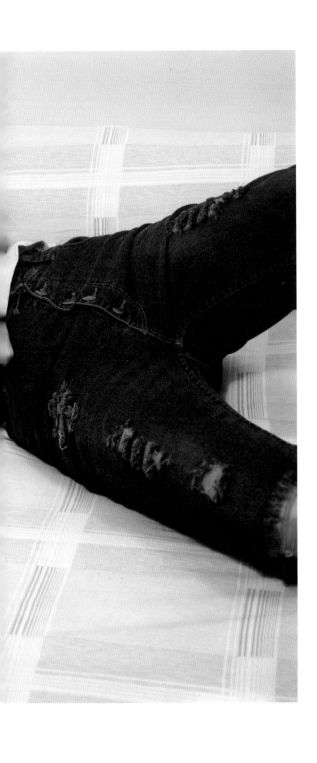

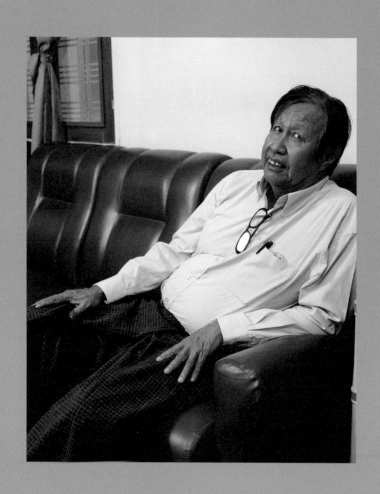

貌必明

貌必明（生於一九五三年）住在仰光郊區。客廳堆滿了一盒盒醫藥用品，都來自他經營的小企業。在他的車庫裡，車子保險桿上貼著貼紙，寫著「車內有詩人」。

你何時開始寫詩？

我從高中那時就開始寫詩到現在。剛開始我們主要是寫一種名叫「四音節」的詩，每一段都由四個音節組合起來。然後我們會投稿到雜誌去。這些雜誌會選一些「安全」的詩，比較容易通過審查的詩。

它們對待詩的態度很認真，不會忽視年輕作家的作品。這些老編輯都是非常值得尊敬的人，他們懂文學。如果他們選上你的作品，那就表示你的作品很不錯。

你的職業是什麼？

我從事過許多不同的工作。我做過水果小販、商人、計程車司機、還做過黑市買賣、傳統醫藥的藥劑師。我跟各式各樣的人打過交道，人們談話以及做事的方式都會影響到作品。可能不一定都很激勵人心，但他們會是你創作的取材來源。

你曾說過「寫詩是非常高尚的職業」。

在緬甸，你無法靠寫詩維生。這是不可能的事。我們寫詩是出於純粹的熱愛，沒有任何物質上的期待。

根據東方哲學的想法，如果你是出於愛而獻身投入於某事，不抱持任何期待，你的心會是寧靜的，不受忌妒或貪婪之苦。因此，緬甸詩人寫詩時有如聖人一般──詩淨化了我們

的心，使人毫無罣礙。

這就是我認為寫詩是高尚志業的原因。

你如何得到靈感？

我們有一個奇怪的國家。我們開始寫詩的時候，適逢獨裁專制的統治。當時我們感受到惡習、不公平，還有欺凌是什麼。我們同理那些被壓迫的人，然後開始習慣從被壓迫者的觀點去寫作。隨著年齡的增長，我更加意識到不公正以及壓榨在這個世界上隨處可見。

有了這一層認識，即便我一時沒有什麼靈感，這種對壓迫者的深切同理，依然敦使我繼續寫作。

你對「創造力」的觀點是什麼？

當一個藝術家越來越成熟，擁有越多知識，他的創造力就越強大，在任何藝術形式中皆然。你總是從模仿別人開始，然後你開始去思考更好的詞或表達來超越他人。你的創造力因此越來越強大。

那關於寫詩的技巧呢？

當我寫作的時候，我都想記下別人沒寫過的顏色、聲音或視野。透過這個方式，我可能最後會找到一些新的表達方式、

用語或是音律。在緬甸詩裡，用詞是關鍵。詩人必須知道哪裡該結束，哪裡該斷句作停頓。你必須設計一個系統，去決定句尾放哪個詞來結束句子，或是轉換到下一句。你的創造力越強，你就越抓得到精髓。

那麼你潤詩的技巧呢？

我們年輕的時候，都想立即投稿雜誌。之後發現，你的詩會跟別人的詩放在一起比較，就開始更加注意潤飾技巧。

我現在不再那麼急了，這很像在玩貓捉老鼠。與其馬上抓到老鼠，不如花點時間來回逗弄、把玩再三來得有趣。

你的創作有受到其他外國作家的啟發嗎？

在從傳統押韻詩轉向不再講求韻腳的現代詩中，《松影之蔭》堪稱我們的詩壇聖經。這本厚厚的詩選，集結了雪萊、歌德等人的詩作，由緬甸知名的譯者貌達諾所編纂、翻譯。當時緬甸詩的主流傳統還是四音節韻詩，對我們這些厭倦韻詩的人來說，是一本很重要的啟蒙著作。

在過去獨裁統治下，你被迫經歷了審查制度的壓迫。現在呢？

那個獨裁政權不是人民選出來的政府。那段期間有許多非常不快樂的經驗，都反映在我們的詩作之中。讀者們在閱讀

時也能感受到這些事，即便我的詩沒有寫得那麼好，但是如果這之中顯露出一縷不滿之音，人們還是會喜歡，因為它也反映出他們的心聲。所以一個詩人只需要將這些情感表達出來，他的詩作在眾人之間就已經成功了一半。

當時的審查制度都如何運作？

審查官通常會認定一些詞彙，例如「母親」或是「紅色」是在指涉翁山蘇姬，這些詞被禁用。還有像「黑暗，陰沉的天空」以及「朦朧的方向／道路」這類的表達用語也不被允許使用。一開始，你只需要用墨水塗掉不當的語句即可。後來，他們要求不管有無塗改，所有不當的資料都不能出現。所以雜誌不得不抽掉那些含有違規內容的書頁。如果讀者在閱讀時發現有一頁不見了，他們都能馬上理解怎麼回事。這麼做反而使詩人的寫作技巧越來越熟練。

現在這段過渡時期，對詩人有什麼影響？

你必須順從直覺寫作。可能不必寫得很拐彎抹角，但必須寫出你的感受。即便沒有政治意涵，一首好詩就是一首好詩。一首描寫雨的詩很優美，並沒有什麼政治意涵。僅僅只是在描寫下雨，卻美極了。如果一首詩深入人心，與之共鳴，不管跟政治有無關係，都是一首好詩。

到處都是 / 貌必明

你派的人已經來過
我把回覆寫在信封上面給他
你派的人已經來過
他告訴我你交代的事
他告訴我你犯的錯
我給了他旅費，打發他走
據說是你派的人已經來過
他從背包裡拿出包裹給我
我幫他補了破損的背包
貌似你派的人已經來過
他嘗試說些甚麼
他努力發出聲音
我拍拍他的背向他點點頭
你派的人已經來過
為使他滿意我用許多話來接待，
你派的那傢伙已經來過
我灌了酒讓他回去，

你派的小子已經來過

我對他說了很多鼓勵的話，稱讚他，

你派的大人物已經來過

我挖苦他：「老兄您是大人物喔？」

你派的三輪腳踏車已經來過

我把舊鐵皮捲放到車子上面

你派的老紫檀樹已經來過

我指引它到伐木工人的家

你派的電工已經來過

他等不了所以回去了

你派的颶風已經來過

我提起刀子告訴它：「這可是刀啊，刀！」

以上是關於你派來的所有實情。

နေရာအနံ့အပြား

ခင်ျားလွတ်လိုက်တဲ့လူ ရောက်လာတယ်
စာအိတ်ပေါ်မှာ စာပြန်ရေးပေးလိုက်တယ်
ခင်ျားလွတ်လိုက်တဲ့လူ ရောက်လာတယ်
သူ ခင်ျားမှာတာတွေ ပြောပြတယ်
သူ ခင်ျားမှားတာတွေ ပြောပြတယ်
လမ်းစရိတ်ပေးပြီး ပြန်ခိုင်းလိုက်တယ်
ခင်ျားလွတ်လိုက်တယ်လို့ ပြောတဲ့လူ ရောက်လာတယ်
သူ့လွယ်အိတ်ထဲက ထုတ်ပေးတယ်
သူ့လွယ်အိတ်စုတ်နေတာ ပြန်ချုပ်ပေးလိုက်တယ်
ခင်ျားလွတ်လိုက်တာလို့ ထင်ရတဲ့လူ ရောက်လာတယ်
သူ တစ်ခုခုပြောဖို့ ကြိုးစားတယ်
သူ အသံထွက်လာဖို့ ကြိုးစားတယ်
သူ့ကျောကိုပုတ်ပြီး ခေါင်းညိတ်ပြလိုက်တယ်
ခင်ျားလွတ်လိုက်တဲ့လူ ရောက်လာတယ်
သူ ကျေနပ်သွားအောင် စကားဖောင်ဖောင်နဲ့ ညှိလိုက်တယ်၊
ခင်ျားလွတ်လိုက်တဲ့ ဟိုငန် ရောက်လာတယ်
အရက်တိုက်လွှတ်လိုက်တယ်၊
ခင်ျားလွတ်လိုက်တဲ့ကောင်လေး ရောက်လာတယ်

အားပေးစကား ပြောလိုက်တယ်၊ ဂုဏ်ပြုလိုက်တယ်၊
ခင်ဗျားလွှတ်လိုက်တဲ့ဆရာကြီး ရောက်လာတယ်
'ကိုယ့်လူက ဆရာကြီးလား'လို့ ဖြုတ်ချလိုက်တယ်
ခင်ဗျားလွှတ်လိုက်တဲ့ ဆိုက်ကား ရောက်လာတယ်
သွပ်ပြားဟောင်းတွေ လိပ်တင်ပေးလိုက်တယ်
ခင်ဗျားလွှတ်လိုက်တဲ့ ပိတောက်ပင်ကြီး ရောက်လာတယ်
သစ်ပင်ခုတ်တဲ့လူအိမ်ကို လမ်းညွှန်လိုက်တယ်
ခင်ဗျားလွှတ်လိုက်တဲ့ မီးဆရာ ရောက်လာတယ်
သူ ဆက်မစောင့်နိုင်လို့ ပြန်သွားတယ်
ခင်ဗျားလွှတ်လိုက်တဲ့ မုန်တိုင်း ရောက်လာတယ်
'ဒါး ဟဲ့ ဒါး' ဒါးထောင်ပြလိုက်တယ်။
အဲဒါ ခင်ဗျားလွှတ်လိုက်တဲ့ လူတွေအကြောင်း အတိအကျပဲ။ ။

မောင်ပြည့်မင်း

兩個人的夜晚，令人懷念的重點 / 貌必明

你為什麼把玻璃杯砸到桌上？
為什麼如此咬牙切齒？
漲紅著臉，為什麼把拳頭握得那麼緊？
為什麼像著了魔般的全身顫抖？
一聲不吭的，為什麼呼吸聲這麼急促？
為什麼眼睛佈滿血絲？

從這個窗口望出去看
那遠處朦朧的山巒之上
燃燒著的野火多麼美麗。

နစ်ယောက်ညချမ်း
အောက်မေ့ဖွယ်ဇာတ်ဝင်ခန်း

ရှင်ဘာဖြစ်လို့ ဖန်ခွက်ကို စားပွဲပေါ်ဆောင့်ချလိုက်တာလဲ
ဘာဖြစ်လို့ နှုတ်ခမ်းတွေ ကွဲထွက်အောင် အံကြိတ်ထားရတာလဲ
မျက်နှာတပြင်လုံး နီရဲတက်၊ လက်သီးကို ဘာလို့ ဆုပ်ထားတာလဲ
တကိုယ်လုံး နတ်ကျသလို တဆတ်ဆတ်တုန်နေတာ ဘာဖြစ်လို့လဲ
ဘာတခွန်းမှ မပြောဘဲ ဘာဖြစ်လို့ အသက်ရှူသံပြင်းနေ
မျက်လုံးတွေ နီရဲနေ ဘာဖြစ်နေတာလဲ။

ဒီပြတင်းပေါက်က ခဏလေး လှမ်းကြည့်လိုက်စမ်းပါ
ဟိုးက တောင်တန်းညို့ညို့ပေါ်
တောမီးတွေလောင်နေတာ လှလိုက်တာ။ ။

မောင်ပြည့်မင်း

眞正唱出口的歌 / 貌必明

我失眠
你也失眠的夜
兩個人都失眠的夜的中間。
不鏽鋼做的洗手台裡
水正滴滴答答滲漏。
「夠了！
閉上你的嘴巴！
不然我會扭斷你的脖子！」
「怎樣？下流，
就是下流，
怎樣？你想怎樣？」
張著嘴的窗戶呆望著
燈管裡眨著眼的
電流們，正在沸騰。
月很靜
雲朵們卻在四處奔走。
「好，之後不要說我粗魯」

開向遠方的車聲隱隱約約
呼吸的聲音很穩只是低沉。
今夜晚風涼涼的好涼快啊。
「有一天會拋下你的，
一定會拋下你的，記住」
長夜漫漫
話語們都在使勁跳躍。
然而只有我呼出的暖暖氣息
落在你腫脹的眼皮上。

တကယ်ဆို ဖြစ်ခဲ့တဲ့ သီချင်း

ကိုယ် အိပ်လို့မရတဲ့ည
မင်းလည်း အိပ်မရတဲ့ည
နှစ်ယောက်လုံး အိပ်မရညကြီးရဲ့ အလယ်တည့်တည့်။
စတီးလ်လက်ဆေးကန်ထဲ
ရေတပေါက်ပေါက်ယိုကျ။
'တိတ်စမ်း
ပါးစပ်ပိတ်ထားစမ်း၊
ငါ လည်ပင်းကို လိမ်ချိုးမိတော့မယ်'
'ဘာဖြစ်လဲ၊ အောက်တန်းကျတယ်
အောက်တန်းကျတယ်ကွာ
ကဲ ဘာဖြစ်ချင်သလဲ'
ပြတင်းပေါက်က ပါးစပ်အဟောင်းသား ငေးလို့၊
မျက်တောင် တခတ်ခတ် မီးချောင်းထဲ
လျှပ်စစ်ဓာတ်တွေ ဆူပွက်လို့။
လကငိုမ်၊
တိမ်တွေကတော့ ပြေးလို့။
'အေး နောက်မှ မိုက်ရိုင်းတယ် လာမပြောနဲ့'
အဝေးဆီ ကားဖြတ်သွားသံသဲ့သဲ့

အသက်ရှူသံ မှန်မှတ်ထဲ မိန်ဖွဲ့ကြာလို့။
ညလေအေးအေး အေးလို့။
'တစ်နေ့ ပစ်ထားမယ်၊
ပစ်ကိုထားခဲ့ဦးမယ် မှတ်ထား'
တစ်ညလုံး
စကားလုံးတွေ အတင်းထထခုန်နေခဲ့။
ဒါပေမဲ့ ကိုယ့်ထွက်သက်လေ နွေးနွေးသာ
မင့်မျက်ခွံမို့မို့ပေါ်ကျလို့။ ။

မောင်ပြည့်မင်း

莫偉

莫偉（生於一九六九年）出生於伊洛瓦底三角洲的一個小村莊，現在則住在仰光。他住在一棟堆滿書的高樓公寓裡。莫偉是詩人，同時也是緬甸極為傑出的詩集出版者。

你什麼時候開始接觸詩？

我出生在伊洛瓦底省的一個小村莊。我父親是村長。因為工作關係需要懂點法律，所以有一些法律書。我從小就喜愛閱讀，但那時除了這些法律書之外沒有其他書可讀。它們的內容很易懂，因為裡面都是案例，寫得像故事一樣。這些是我最開始碰到的書。

然後我去一個小鎮上中學，住在寺院裡，那裡的沙彌翻譯了功夫小說。我還開始讀一些羅曼史小說，也開始對課本上出現的詩感興趣。我仍記得其中一個詩人的筆名叫「來自古代的無名氏」。多浪漫的名字。不是很多小孩都喜歡上詩，但我喜歡。我七年級的時候開始寫詩。

然後我們搬去了仰光，我有機會翻到雜誌，閱讀了非常多短篇故事。那時候，我讀詩讀得很隨興。但我的一些朋友已經非常熱衷寫詩了。透過他們，我開始將詩作為一種獨立的藝術形式來欣賞，它們反映著周遭發生的事以及你的感受。然後我開始寫詩，也實驗性的寫一些短篇故事。那時我並沒抱持什麼特別的期待。

直到九〇年代中期，我認識了一位詩人，才真正愛上了詩。一九九一年，十年級留級兩次之後，我結婚了。由於動亂的緣故，學校經常關閉。我在那附近開了一間家具店還有一間茶館。後來經營一家藥局。

那你如何開始出版書籍？

我常去逛書店，發現沒人出版詩集，所以就想自己來做。我借了一點錢開始出版事業，有一段時間同時從事藥局及出版社的工作，最後我放棄了藥局，選擇專心從事出版業直到現在。

你都怎麼寫作？有固定的寫作時間嗎？

我不是這樣寫作的。每當我讀到一首別人寫的好詩，我就會得到靈感。並不需要一個特別的地方或時間才能寫作。紙跟筆就是我所需要的一切。

你想談一下你的寫作風格嗎？

讀詩的時候，我們必須知道詩與詩之間的相似之處與關聯——我們必須要知道：詩人會打破前人的規則和慣例，然後轉換成自己的風格。否則，一個外行人可能會誤認某個東西是詩，但我們都知道它不是詩。

你可以跟我們談一下你對後現代主義的立場嗎？

當這裡的人第一次聽到後現代主義的時候，每個人都開始談論它。他們深受西方後現代主義的影響，都希望想出一套標準來探討它的意義。但我相信，早在大家注意到之前，後現代主義已經在這裡了。它老早就出現在我們日常生活中。一

支手機在這裡可能要價一千五百元，這種價格你在其他地方是找不到的。這對我來說就是種後現代主義。一種在現實生活中的荒謬感。

緬甸的變化或其所謂的「民主化」，對詩人的寫作造成了什麼樣的影響？

我的寫作方式其實沒有什麼改變。同樣都是會找一些原始素材或靈感，並沒有因為政治局勢而改變。我們一直都有使用象徵，如果需要的話。確實，當時你必須使用一些象徵技巧來規避審查。但也有很多詩人直接反映現實，並沒有使用那些技巧。只有那些公開發表政治聲明的人，才需要借助象徵語詞來避免問題。

我想強調的是，寫作不僅僅只跟政治有關。一個真正的詩人並非總是時時刻刻在思考政治，我們同時也會創作一些非政治的藝術。但寫跟政治有關的詩，似乎比較引人注目。例如：貌沙卡寫的〈親愛的總統先生〉（Mr. President）[*1]

在審查制度之下，對你的出版工作有什麼影響？

我們必須將三份手稿提交到審查員的辦公室，供他們檢視。他們對詩作感到特別頭痛。批准一本詩集，通常需要花至少四到六個月的時間。有時候我們還必須賄賂他們一下，讓審

[*1]：這首詩寫於 2015 年，是關於詩人在他的生殖器上弄了一個總統的臉的刺青。詩人為此被判刑坐牢。

查進度能快一些些。從店員到他們的主管，再到監察員的下屬直到監察員，就這樣從下到上一路賄賂過去。

他們還會罰錢，每找到一個拼字錯誤就罰十分錢。

他們自己有一套對象徵語詞的定義。例如：他們認定「玫瑰」這個詞是在指翁山蘇姬。可能作者並沒有這個意思，但審查員就直接禁止這個詞。

有些詩人願意讓審查員刪掉一些段落或詩句。然而有些詩人則完全不肯，所以我們必須把這些詩作從出版品中整個刪掉。

回想當時，真的有許多辛酸史。但我們一輩子都是這麼過來的，從沒有想過辛苦與否。這只是我們必須做的其中一件事情。現在，不再有那麼多麻煩了。

那現在的出版狀況是？

現在已經不需要等好幾個月，就只為了審查批准，你隨時都能出版。然而電影還沒能享有這種自由，只有書可以。你可以出版任何書。但是，如果你出版了可能冒犯別人的書，你可能會被起訴。

跟總統一起坐三、四站 / 莫偉

閱讀著公車即將准許進口的新聞
在一輛公車上
我和總統，為爭取一個空位而相遇
我們聊到了詩歌，我問他詩歌是否還需要送審
總統非常誠實。說他不知道這些事情
他說他為了建設國家的基礎設施
忙得很。於是我隨口告訴他
「現在總統搭乘的正是特級公車」
禮讓著螺絲脫落、椅子歪斜的空位，我一邊說著
一邊打開衣服，給了乘務員一張五百元紙鈔
「兩個人的」，乘務員從總統身旁的窗口
往外吐檳榔汁的同時，對我大吼：「給一百元的」

就這樣三巴、就這樣聖瓊、就這樣勃固俱樂部 *2
就這樣呼一下閃過了那個老舊的前外交部（整修中）
然後再到國家博物館。身處在擠滿站立乘客的
公車上，呆望著「不賣站票」標語的總統
趕上了額隆路上的紅綠燈

* 2：以上三巴、聖瓊和勃固俱樂部等，都是仰光市區的公車站牌名。

司機咒罵著前面遲疑不行的無牌照嶄新汽車
雨在五月中旬下著
雨水也從車頂不斷滲漏
至此總統才嘆氣說了一句：
「少年你們寫的詩裡有這些嗎？
那詩歌也應該列入國家的基礎建設裡面。」
「是的，總統。祝您健康長壽。」說著
到了梅尼宮，梅尼宮站。我們被推下了車
總統撫摸著嶄新亮麗的公車站牌問道：
「我們是梅尼宮站下車嗎？」
「是的，總統。是設在人民廣場前的
梅尼宮站。」我回覆總統
「這些也出現在你們的詩裡嗎？
那詩歌也應該列入國家的基礎建設裡面。」
就這樣我和總統才走到真正的梅尼宮
因為疲乏而趕緊去找水喝
領導跟人民互相交換汗水
之後第二天有關總統健康的消息四處傳播
我們的詩歌是否列入國家的基礎建設，也變得不能確定。

သမ္မတကြီးနဲ့ သုံးလေးမှတ်တိုင်

ဘတ်စ်ကားတွေ တင်သွင်းခွင့်ပြုတော့မယ်ဆိုတဲ့သတင်းကို
သတင်းစာမှာ ဖတ်ခဲ့ရင်း ဘတ်စ်ကားတစ်စီးပေါ်မှာ
ငါရယ် သမ္မတကြီးရယ် ထိုင်ခုံအလွတ်တစ်ခုမှာ နေရာဦးကြရင်း တွေ့ကြ
ငါတို့ ကျာ့အကြောင်း ပြောမိ၊ ငါကလည်း ကျာ့တွေ စီစစ်ရေးတင်ရဦးမလား မေးမိ
သမ္မတကြီးက ရိုးစင်းလှပါတယ်။ သူ မသိပါဘူးတဲ့
သူဟာ တိုင်းပြည်ရဲ့ အခြေခံလိုအပ်ချက်တွေ တည်ဆောက်ခြင်းမှာ
အလုပ်များနေပါတယ်တဲ့။ ဒါနဲ့ ငါလည်း ရောက်တတ်ရာရာ
ခု သမ္မတကြီး စီးနေတာ အထူးဘတ်စ်ကားကြီးတွေပေါ့လို့
စက္ကူပြုတ်၊ ထိုင်ခုံနဲ့နေတဲ့ နေရာလွတ်ကို ဦးစားပေးရင်း ပြောရင်း
အကျီုဟ ပြ စပယ်ရာကို ငါးရာတန်တစ်ရွက်မေးမိ
၂ယောက်စာ အဲဒီမှာ စပယ်ရာက သမ္မတကြီးရဲ့ ဘေးပြတင်းကနေ
ကွမ်းတံတွေးကို ပျစ်ကနဲ ထွေးရင်း တစ်ရာတန်ပေးလို့ ဟောက်လိုက်တာ

ဒီလိုနဲ့ စံပြ၊ ဒီလိုနဲ့ စိန်လျှံန်း၊ ဒီလိုနဲ့ ပဲခူးကလပ်
ဒီလိုနဲ့ အဲဒီရှေ့နိုင်ငံခြားရေးဝန်ကြီးရုံးဟောင်း (ပြုပြင်ဆဲ) ကို ဖျတ်ကနဲ
ပြီးတော့မှ အမျိုးသားပြတိုက် မတ်တတ်ရပ်တွေ ပြည့်ကြပ်ညပ်နေတဲ့
ဘတ်စ်ကားပေါ်မှာ ထိုင်ခုံအပြည့်သာတင်သည် ဆိုတဲ့
စာတန်းလေးကို သမ္မတကြီးက ဘဂန့်ဆက်စပ်ငေးရင်း အလုံလမ်းဒီးပွိုင့်မိ
ဒရိုင်ဘာက ရှေ့က တွန့်ဆုတ်နေတဲ့ နံပါတ်မဲ့ ယာဉ်တောက်တောက်ကြီးကိုကျိန်ဆဲ
မိုးကလည်း မေလလယ်မှာ ရွာရင်း

ကားခေါင်မိုးကလည်း ရေတွေယိုကျ

ဒီတော့မှ သမ္မတကြီးက သက်ပြင်းချ စကားတစ်ခွန်းပြောတယ်

မောင်ရင်တို့ ရေးတဲ့ကဗျာတွေထဲမှာ ဒါတွေ ပါလားတဲ့

ဒါဆို ကဗျာကိုလည်း တိုင်းပြည်ရဲ့အခြေခံလိုအပ်ချက်ထဲ ထည့်ရမတဲ့

ဟုတ်ကဲ့ပါ သမ္မတကြီး ကျန်းမာပါစေ လို့ ပြောရင်း

မြေနီကုန်း မြေနီကုန်းမှတ်တိုင်(ပြိုင်တူ) တွန်းချတာ ခံလိုက်ကြရတယ်

သမ္မတကြီးဟာ သစ်လွင်လှပတဲ့ ကားမှတ်တိုင်ကို ပွတ်သပ်ကြည့်ရင်း

တို့ ဆင်းခဲ့ကြတာ မြေနီကုန်းမှတ်တိုင်လား တဲ့

ဟုတ်ကဲ့ပါ သမ္မတကြီး ပြည်သူ့ရင်ပြင်ရှေ့မှာ လုပ်ထားတဲ့

မြေနီကုန်းမှတ်တိုင်ပါ လို့ ပြန်ဖြေလိုက်ရတယ်

ဒါတွေကော မောင်ရင်တို့ ကဗျာတွေမှာ ပါသလားတဲ့

ဒါဆို ကဗျာကိုလည်း တိုင်းပြည်ရဲ့အခြေခံလိုအပ်ချက်ထဲ ထည့်ရမတဲ့

ဒီလိုနဲ့ ငါနဲ့ သမ္မတကြီး တကယ့်မြေနီကုန်းလည်း ရောက်ရော

မောလို့ပန်းလို့ ရေရှိရာအရပ် အမြန်ရှာခဲ့ကြ

ခေါင်းဆောင်နဲ့ ပြည်သူ ချွေးပေါက်ခြင်း လဲလှယ်ကြ

ဒီလိုနဲ့ နောက်တစ်နေ့မှာ သမ္မတကြီးရဲ့ ကျန်းမာရေးသတင်းတွေ ပျံ့နှံ့ခဲ့တယ်

ငါတို့ရဲ့ ကဗျာတွေဟာလည်း တိုင်းပြည်ရဲ့အခြေခံလိုအပ်ချက်တဲ့ ပါ/မပါ မှန်ဝါးခဲ့တယ်။

မိုးဝေး

仰光 / 莫偉

聽到打鐘的聲音

早上兩點、三點，我卻並無睡意

無論仰光城任何角落的

老建築物們被人拆毀

我依然走進一條又一條街道

彎彎曲曲

打鐘的聲音還在，還聽得見

如果有天所有舊的都能夠變回新的

哪怕沒有很新

心中亮著昏黃光線的路燈們

混凝土月台下香甜著的夢境

能使心變新到什麼程度呢？

正如每日的報紙裡

層疊著各種新聞，新的

愛的，親愛的，我一次次狂呼

從我手中掙扎欲出的

河水般的仰光啊，你要流向哪裡？

陳舊的路標

廢土堆們好似背景般一閃

嗖一下成為新聞的我們的回憶、身影
勃生堂^{*3}的傍晚，42條街
梅尼宮的夜市
現在卻在摩天商場、銀行大樓門的
玻璃牆上，夜夜
我分明看到汽車們呼一聲呼一聲開過
像現在，我失眠，仰光城也失眠
在整個城市都好眠的時刻
我將無法忘卻的思念
一邊在新建物的牆上塗鴉
一邊回到仰光，仰光也像我一樣。

*3：仰光市的一個鎮名。

ရန်ကုန်

နာရီသံချောင်းခေါက်သံတွေ ကြားနေရတယ်
မနက် ၂ နာရီ ၃ နာရီ ငါဟာ အိပ်လို့ မပျော်ချင်ဘူး
ရန်ကုန်မြို့ကြီးရဲ့ ဘယ်အရပ်က
အဆောက်အအုံဟောင်းတွေကို ဖြိုဖျက်ဖျက်
ငါဟာ တစ်လမ်းဝင် နောက်တစ်လမ်းကို ဆက်ဝင်
ကွေ့ကွေ့ကောက်ကောက်
နာရီသံချောင်းခေါက်သံတွေ ရှိတုန်းပဲ ကြားနေရတုန်းပဲ
တစ်နေ့မှာ အဟောင်းတွေ အားလုံးပဲ ပြန်သစ်ရင်
သစ်သွားလောက်အောင်ပဲဖြစ်ဖြစ်
ရင်ထဲမှာ မှုန်ပျပျလင်းနေတဲ့ လမ်းဓါတ်မီးတိုင်များ
ကွန်ကရစ် ပလက်ဖောင်းအောက်က မွှေးမြမြအိပ်မက်အလွှာ
နလုံးသားတွေကို ဘယ်လောက်သစ်အောင် လုပ်နိုင်မှာလဲ
နေ့စဉ်သတင်းစာ များစွာမှာ
သတင်းတွေများစွာ ထပ်နေသလို အသစ်တွေ
အချစ်တွေ အချစ်ရေလို့ ငါ အကြိမ်ကြိမ်အခါခါ
ငါ့လက်ထဲက ရှန်းထွက်နေတဲ့
ရန်ကုန်ရေ မြစ်တွေလို ဘယ်ကိုစီးမှာလဲ
လမ်းညွှန်ဆိုင်းဘုတ်အဟောင်းတွေ
အုတ်ခဲကျိုးပုံတွေက နောက်ခံကားလို ဖျတ်ကနဲ
နင့်ကနဲ သတင်းဖြစ်သွားတဲ့ ငါတို့ရဲ့အတိတ်တွေ အရိပ်တွေ

ပုစွန်တောင်ညနေခင်းတွေ လေးဆယ့်နှစ်လမ်းတွေ
မြေနီကုန်းညဈေးတွေ
ခုတော့ ရှေ့ပင်းမောတွေ ဘက်အဆောက်အုံတွေရဲ့
မှန်နံရံမှာ ညညဆို
ဖျတ်ကနဲ ဖျတ်ကနဲ ကားတွေ အသွားမှာ ထင်းကနဲ ငါမြင်မိတယ်
ခုလို ငါလည်းအိပ်မပျော် ရန်ကုန်မြို့ကြီးလည်းအိပ်မပျော်
တစ်မြို့လုံးအိပ်ပျော်နေကြချိန်
ငါဟာ မေ့ဖျောက်လို့မရတဲ့ အမှတ်ရခြင်းကို
အဆောက်အအုံအသစ်တွေရဲ့ နံရံမှာ စပရေးလိုက်ဖျန်းရင်း
ရန်ကုန်ဆီ ပြန်လာခဲ့တယ် ရန်ကုန်ဟာ ငါ့လိုပဲ။ ။

မိုးဝေး

貌玉百

貌玉百（生於一九八一年）出生於緬甸最南端一個面臨安達曼海的村莊丹老。丹老是翡翠灣上一個沉睡的漁村，被一個巨大臥佛守護著。貌玉百寫過一首詩〈在一片冰原底下〉，是關於一個被凍結在時間之中的國家。這首詩啟發了我們著手拍攝這部電影。

什麼事情激發了你創作〈在一片冰原底下〉這首詩？

我的靈感來自於一部科幻電影。我之所以寫成詩，是大家可以因此獲得多重含意。我想要描述一個種族或是一個世界的循環，它們生生滅滅的迴圈。我們的存在以及我們多元種族的歷史，交織著許許多多系統性的相互壓迫，一個疊壓在另一個之上。同時，我們又集體被一塊巨大的冰層蓋壓在一起。而這塊冰層又壓在一個更大塊的冰層之下。這個冰山象徵著我們半死不活的存在。這首詩成功通過了審查委員會，因為審查員只管政治性術語的部分，和一些他們認定會對政權造成威脅的特定關鍵詞。他們可能都以為，這不過是首跟科幻有關的詩。

你從什麼時候開始寫詩？

我二十歲的時候，二〇〇一年左右。在我的其中三首詩被選進詩歌期刊之後，我以為我已經晉升成為專業詩人。五年之後，我接觸到颯雅林對詩轉向現代主義的理念，這才意識到我只是個新手。而現在，我從愛荷華大學（University of Iowa）的國際作家計畫（International Writers Program）回來之後，會開始質疑自己「緬甸詩人」的身分，或者甚至說，夠不夠資格稱得上是一位詩人。我還有很多要學的。

你都怎麼寫作？

我很少每天寫。有時，我會一連寫個三、四天，有時則可能一個月才寫一首，或是一整年一首。

這五年來，我不斷嘗試創造出一個新的詩的形式。因為我們國家在非常多的事情上都很落後。我們現在認為是新的事物，可能美國二十年前就已經做過了。但遲到總比不到好，所以我一直在追求創新的形式。這麼做使我接觸到許多形式的詩，並指引創新的方向。

不過現在我又要改變了。我放棄了對語言及形式的過分強調，我沒有創造新的詩類，反而再次專注於創作一首真正的詩。只要這首詩是一首真正的詩，它就是創新的。

你如何獲取靈感？

詩的種子可能來自一場電影、一首歌、一趟旅程、一個新聞故事、一件家族軼事或是一次新的經驗。當你的心情處於一種神奇狀態時，可能連一片玻璃或是一張桌子都可以變成一首詩。這沒有什麼理論可言，也難以模仿，無法只是僅僅靠著嘗試就能達到的。你心中必須要有一些神奇的東西，才可能創造出一首詩。所以詩很難，而且永遠都是新的。

跟我們談一談在審查制度下寫作是怎麼樣的狀況。

在這段壓抑的軍政府統治時期，我們沒有言論自由，寫詩讓人感覺好多了。詩人想要反思這樣糟糕的制度，但他們必須拐彎抹角地使用語言、象徵及隱喻來逃避審查，進而使得他們的作品變得更豐富。不過仍然有一些詞是完全不能使用的。隨著獨裁統治持續下去，一些雜誌，甚至一些詩人最後都開始自我審查。

今日，我們可以自由書寫。然而因為過去長時間被束縛在專制之下，有時候反而不知道要寫什麼。自由可能讓人感到迷失。我認為，我們的下一代正享受著自由與新的科技，卻可能很容易就忘掉以前現代主義詩人寫詩的技藝，當時他們必須跟生活搏鬥，僅僅只是為了讓自己活下去。

你如何在生活與藝術間找到平衡？

隨著年紀增長，家庭責任以及工作為我的詩人生活帶來挑戰。這是這裡所有的詩人都會面臨的考驗。我的環境要求我們以賺錢為優先。畢業之後我做過非常多工作，最終成了一名「薪水的奴隸」。但我現在有了家庭，有了太太跟兩個小孩，我別無選擇。

很少人尊重及認可詩人和他的作品。雖然我們並不是為了得到認可才成為詩人，但是要在這種不重視藝術價值的環境下生活，還是非常痛苦。你必須要很努力才不會失去勇氣。

在一片冰原底下 / 貌玉百

在一片冰原底下

一個被活活掩埋的國家

國土底下

一座沒有任何神佛可以駐守的寺廟

寺廟底下

被埋藏著的世界大戰

世界大戰底下

一座破舊殘敗的文化博物館

博物館底下

一些無法辨認金額的紙鈔

紙鈔底下

骨骼突出、眼眶凹陷的奴隸們

奴隸們底下

依然被巨石塊堵住洞口的山頂洞人們

山頂洞人們底下

不斷後退的歷史畫面

畫面底下

死於產房的（地球之母）海洋
海洋底下
沒有人意料到的一片冰原
冰原底下……

ရေခဲပြင်ကြီးအောက်မှာ

ရေခဲပြင်ကြီးတစ်ခုအောက်မှာ
အရှင်လတ်လတ် အမြှုပ်ခံရတဲ့ တိုင်းပြည်ကြီးတစ်ခု
တိုင်းပြည်ကြီး တစ်ခုအောက်မှာ
ဘယ်နတ်ဘုရားမှ မခိုနားနိုင်တော့တဲ့ ဘုရားကျောင်းတစ်ခု
ဘုရားကျောင်းတစ်ခုအောက်မှာ
မြှုပ်နံထား ကမ္ဘာ့စစ်ကြီးများ
ကမ္ဘာ့စစ်ကြီးများအောက်မှာ
ပျက်စီးဝါကျင်နေပြီဖြစ်တဲ့ ယဉ်ကျေးမှုပြတိုက်ကြီးတစ်ခု
ယဉ်ကျေးမှုပြတိုက်ကြီးတစ်ခုအောက်မှာ
တံဆိပ်အမှတ်အသားပျက် ငွေစက္ကူများ
ငွေစက္ကူများအောက်မှာ
အရိုးငေါထွက် မျက်လုံးဟောက်ပက်နဲ့ ကျေးကျွန်များ
ကျေးကျွန်များအောက်မှာ
ဂူပေါက်ဝမှာ ကျောက်တုံးများပိတ်ဆို့လျက် ကျောက်ခေတ်လူသားများ
ကျောက်ခေတ်လူသားများအောက်မှာ
နောက်ပြန်ဆုတ်နေတဲ့ ဆင့်ကဲဖြစ်စဉ်များ
ဆင့်ကဲဖြစ်စဉ်များအောက်မှာ
မီးတွင်းထဲမှာတင် ဆုံးပါးသွားတဲ့ (ကမ္ဘာကြီးရဲ့မိခင်) သမုဒ္ဒရာကြီးတစ်ခု

သမုဒ္ဒရာကြီးတစ်ခုအောက်မှာ
ဘယ်သူမှ မထင်မှတ်ထားတဲ့ ရေခဲပြင်ကြီးတစ်ခု
ရေခဲပြင်ကြီးအောက်မှာ ...

မောင်ယုပိုင်

蜜

蜜（生於一九七○年）是一個著名的記者，也是人權與尊嚴
國際電影節（Human Rights and Human Dignity International
Film Festival）的共同創辦人，這是緬甸第一個以關注自由、
人權為主題的電影節。

你什麼時候開始寫詩？

我受到父母的影響，十歲就開始寫詩，他們教我寫傳統的押韻詩。我還記得當年家鄉舉辦的詩歌比賽，我是所有參賽的詩人當中年紀最小的，那是一九八〇年代以前的事了。一九八九年，我第一次被文學雜誌刊登詩作。

跟我們聊聊，關於寫作……

我們這兒有個說法叫「詩是智者的財產」（poetry is property of the wise）。最能展現力量的，還是詩的詞語。選擇用什麼詞比遵循傳統詩的韻腳或規範來得更重要。詩的用字遣詞顯現出一個詩人的創造力，包括所有的用字遣詞，都能看出一首詩的韻味。它們可以是非常詩意的詞語，也可以是平常百姓的生活用語。

創造力同樣還出現在一首詩的結構中。在我們那個年代，我們已經開始拋棄押韻。我們打破所有寫詩的傳統，開始玩文字。

我們玩隱喻，玩生活語言、或是一些比較粗俗的用語。我們嘗試用詞語及隱喻來建構一首詩。每一首詩都有其獨特的結構和詩人的風格，不遵循任何固定的形式。

我總是依著我的心去寫詩。我從不在沒有特別感覺的時候寫詩。對我而言，創造力不會憑空降臨，它總是伴隨著情緒而

來。例如旅途中的公車上、閱讀時、觀察某個景物或手邊的事做到一半時突然出現。當我心中浮現一句話或是一個詞的時候，我需要馬上寫在筆記本或是手機記事上，以免讓正在做的其他瑣事給淹沒了。

我的生活若沒有詩，就會像咖哩少了鹽一般無味。

寫作是件容易的事嗎？

詩無法快速寫出來。它是在詩人心中緩緩蘊釀成形的。我曾經在月圓的深夜時刻，發現了一處奇蹟之地，那裡有美麗的溪流和森林。那份大自然之美的感動留在我心中好一段時間，我曾試了非常多次想要寫下它，將它轉換成一首詩。一年之後，我才終於在家鄉的炎夏中，寫下了關於那個夜晚的詩，當時我被旱季可怕的高溫折騰著。完成那首詩的時候，甚至能感受到那晚微風拂過我汗濕額頭時的涼意。

那麼關於寫作技巧方面呢？或是寫作的紀律？

我討厭紀律這個詞，比較想用「倫理」這個說法。我一開始在做記者的時候，常常必須要面對新聞倫理的問題。過程中我發現兩種不同的真相：看得見跟看不見的真相。做為一個記者，我必須去追索具象的、有形證據的真相，但我常常發現藏在人們心中的那個無形的真相，有時比可見的真相更令人難受。

因為我遵循著記者的職業倫理，而無法在寫作中表達出真正的感受。從入記者這行起，我就開始自我審查，避免在寫作中放入任何的情緒。也因此，我漸漸失去了詩人的創造力。這就是我自二〇〇四年成為記者之後，越來越少寫詩的原因。所以現在退出了記者行業，改做一個自由文字工作者。我將繼續寫更多的詩。

生活在一個不自由的社會，為你的寫作帶來什麼影響？

生活在如此不自由的社會，迫使我們在詩中使用許多的隱喻。我們藉此來逃離審查的魔手。我們將想說的話藏在隱喻背後，但是越這麼做，就越少人會讀我們的詩。詩與文學作品，就會限縮在同溫層之間，最終讓緬甸的文學生命走向衰落之途。

現在我們言論自由的限制減少了。許多詩人開始走向社群網路，在上面開設自己的網站專頁。我們的寫作自由了，不再需要將想法藏在複雜的隱喻之後。我們確實比以往擁有更多自由。

你對於身為一個女性詩人有什麼想法？

我不想為了特定議題而寫詩。我認為寫詩跟談論性別議題是兩碼子事。當我在練習寫作的時候，不論是寫詩、短篇故事，或小說，都不想考慮任何一個特定的議題。我想打破所有界

線，只跟著我的筆走。

有很多次，當我完成一件作品時，我感覺到我的筆帶領我走了一趟旅程，尤其在寫詩的時候。我想這就是藝術，不是我，也不是我的筆。

一個下午 / 蜜

一邊是
棍棒、鐵絲網、穿著制服的打手和路障
一邊是
柱著拐杖的老爺爺、老奶奶、黃色玫瑰
揹著攝影器材的新聞工作者和希望
一旦打手們移開路障
希望便傾盆倒出
馬路上興奮的珍珠們
幾乎要隨風飄走般不落地的腳步們
朝著鐵門飛奔
與母親遠離的孩子們，再見到母親的一個下午。

တစ်ညနေ

တစ်ဖက်မှာ
လက်ကိုင်တုတ်တွေ သံဆူးကြိုးတွေ ယူနီဖောင်းဝတ်သေနတ်သမားတွေ အရံအတားတွေ
တစ်ဖက်မှာ
လမ်းလျှောက်တုတ်ကောက်တွေနဲ့ အဖိုး အဖွါးအိုတွေ နင်းဆီပန်းအဝါတွေ
ကင်မရာလွယ်သတင်းသမားတွေ မျှော်လင့်ခြင်းတွေ
သေနတ်သမားတွေက အရံအတားတွေ ဖယ်ပေးလိုက်တယ်ဆိုရင်ပဲ
မျှော်လင့်ခြင်းတွေ ဝေါကနဲသွန်ကျ
လမ်းမပေါ် ဝမ်းမြောက်ခြင်း ပုလဲလုံးတွေ
လေထဲလွင့်ပါသွားမတတ် မြေမထိ ခြေထောက်တွေ
သံတံခါးဝဆီ အပြေးအလွှား
အမေနဲ့ ဝေးတဲ့ကလေးတွေ အမွေ့ကိုပြန်တွေ့တဲ့ တစ်ညနေ ။ ။

မြတ်

我的刀 / 蜜

磨難
是使我變堅硬的黏土
傷口和傷痛
是使我鋒利的刀子
我用我的手腳開墾
沙漠與荒地
哪怕是個野生的
也希望能有藥用
我叨著飛翔的那些種子……。
我不相信命運
所有這些巧合
都來自我的努力
我如此信仰我自己。
令人悲傷的過往是我魯莽的代價
如果有歡樂的未來則應該是我乖巧的獎賞
此生生而為人
是母親給予的最珍貴的獎品
為了熱愛生活
我擁有一把刀子。

ငါ့ဝါး

ဒုက္ခက
ငါ့ကိုယ်ငါ မာကျောစေမယ့် ရွှံ့စေးမြေ
ဒဏ်ရာ အနာတရက
ငါ့ကိုယ်ငါ ချွန်မြစေမယ့် ဝါးတွေ
ဖုန်းဆိုးမြေ ကဏ္ဍရ ကို
ငါ့လက် ငါ့ခြေ ခုတ်ထွင်ခဲ့
အလေ့ကျဖြစ်ချင်ဖြစ်ပါစေ
ဆေးဖက်တော့ဝင်ချင်ရဲ့
ငါကိုက်ချီပျံသန်းသွားမယ့် မျိုးစေ့တွေ. . .။
ကံကြမ္မာကို မယုံကြည်
ဟောဒီတိုက်ဆိုင်မှုမှန်သမျှ
ငါလုပ်လို့ရခဲ့တာချည်း
အဲ့သလို ငါ့ကိုယ်ငါ ကိုးကွယ်တယ်။
ကြေကွဲဖွယ်ငဲ့အတိတ်က မိုက်မဲခြင်းရဲ့ဆုလာဘ်
ပျော်ရွှင်ဖွယ် အနာဂတ်ရှိခဲ့ရင် လိမ္မာခြင်းရဲ့ဆုလာဘ်
ဟောဒီလူအဖြစ်ကတော့
မိခင်ပေးတဲ့ အမြတ်ဆုံးဆုလာဘ်
ဘဝကိုတပ်မက်ဖို့
ငါ့မှာ ဝါးတစ်လက်ရှိတယ်။

မြတ်

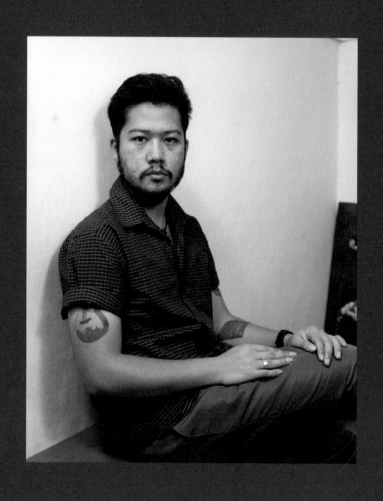

韓林

ဟံလင်း

韓林（生於一九八六年）是一個安靜、說話輕聲細語的年輕
人，不過一旦開始談起詩，他的害羞就消失了。他是當今緬
甸詩人當中，那種對詩很嚴謹的典型人士：寫詩不是種休閒
嗜好，也不是愛慕虛榮，它是一種招喚，打從人內心深處的
招喚。韓林不需要去管里爾克（Rainer Maria Rilke）在《給
年輕人的信》（Letters to a Young Poet）中的提問：「**在寂
靜的夜裡捫心自問，我非寫不可嗎？**」因為他的答案早已了
然於心。

你什麼時候意識到自己想要成為一位專業詩人？

老實說，關於寫詩，我不明白專業是什麼意思？我從不思考這種事。大概二十歲左右開始，我唯一想做的事就是寫詩。

你怎麼寫作？

寫詩不僅只是單純用筆寫出一些東西，而且還要用心寫。跟其他詩人一樣，我沒有特定的寫作時間。我幾乎每天都把詩寫在心裡。

你從何獲得寫詩的靈感？

這要看狀況，並沒有什麼特別的規律。能啟發我寫詩的可能性很廣，有時候是一段音樂，有時候是一部電影，有時候是一篇文章，有時候是一個零碎的聲響，或是一個想法的片段。

有時候則是我親眼所見之事，或是其他未知的、意義不明的東西，例如我的潛意識。當然，還要取決於我人身處何方。

因為我總是在心中寫詩，所以很難說，到底靈感什麼時候蹦出來。有時候我會逼迫自己在毫無頭緒的時候寫，幸運的是，靈感很快就出現了。對我而言，靈感不是最重要的事情，只是寫作過程的一部分。很多時候，在我寫作之前，或是正在寫作的當下，我並不知道這首詩會寫成什麼樣子。這種事你只能靠練習才能得出結果。

你認為創造力的重要性是什麼？會跟什麼相關？

熱情。你的熱情會透過巧思、靈性以及練習，驅使你去實踐，並得到所有心之所願。

不過，「創造力」是個很滿的詞。我從沒有嘗試去做一個有創意的詩人，我也不想要被認為有創意。真實性（Authenticity）反而才是我一直追求的目標。説不定，我的創造力就在這追求的過程中被塑造出來，真實性可能也是創造力的一種。

跟我們談談寫作的技藝。

如果你想成為一位詩人，你必須去學習所有詩的基本要素，詩的分段以及結構。然後讀一讀國外的詩，包括詩的潮流以及歷史。還有，你必須認真投入，盡你所能學習世上的所有事物。我去研究詩的元素，包括押韻、象徵、圖像、節奏，我也盡可能地去閱讀。雖然我的記憶力不太好，常常讀過什麼就全忘了。

在寫詩的時候，我總是嘗試去感知自己的存在，了解自己的恐懼。恐懼可以有很多種形式。它總是會毀掉你的原則、你的藝術、你的獨創性，還有你的詩。

在每一門藝術中，靈性是很重要的東西。我從不輕視它。你不是機器人，你必須了解自己，對自己誠實。

你怎麼看待改寫／重寫，或是潤詩的工作呢？

對我而言，在寫詩的時候，重寫或是去修改都是一種恐懼。有時寫的好，有時寫的差。你有時候必須去接受那個恐懼，有時則要放下它。

我用很多方式寫詩。其中一個是，我會設定時間，有可能一小時或兩小時，然後限定自己在這段時間內完成一首詩。這很像在考試。或是我會到 Youtube 上隨意聽一首音樂，然後寫下所有我想到的事。有時候，在那個限定的時間內，我會修改我的詩，有時則不會。寫完詩之後做些修改，可以讓詩作變得更好，但也可能毀掉它原本的美以及獨特性。所以我總是試著去認識我的恐懼，然後學著去掌握它。

生活在一個不自由的社會，為你的寫作帶來什麼影響？

書籍查禁、難以取得國外的書籍、網路被政府管控，這些狀況都使得我能做的事情變得有限。但除此之外，沒有任何事情影響我寫作，因為在軍政府執政時期，我從來沒有投稿過詩作。我只在日記裡寫下任何想寫的東西。

我只有因為自己的寫作實驗而改變，並沒有受到周遭世界的限制而有所不同。不過，自從審查制度廢除，限制鬆綁之後，我開始將詩作投稿到期刊。

一個不自由的社會，對藝術沒有半點好處。如果藝術作品在

一個不自由的社會中表現得不錯，它們在自由的社會中會表現得更好。

現在，緬甸正在轉型，對一個詩人來說，有一件事從沒有改變過：一個詩人，不僅是在自己的詩中，在現實生活中也一樣，都一定要反對並對抗不公義的事。

你現在在廣告業工作，這對你的詩有什麼影響？

廣告業很特別。當我在寫廣告的時候，我必須考慮到觀眾。這對詩人來說，是很奇怪的事。身為詩人，我寫作的時候很少去顧慮讀者的問題。

決定要做這個的工作，主要是因為我家沒有便利的網路，可以趁機上網。我以為這會是獲得靈感的好方法，但後來發現反而因為工作的緣故，很難受到什麼啟發去寫詩。儘管如此，多虧網路的便利，可以讀到更多東西，例如現在正不斷擴充我的文學知識。

致朴偉林醫師 / 韓林

我常去的那些地方我不知道怎麼走了。夜夜我無法入眠。我完全不知道的陌生人常常來親切地問候我。在鞋店裡，他們問我尺碼時我回答不出。鞋帶也不知道該如何綁好。突然從座位上站起時，往往會眼前一黑。每天起床都覺得腦袋很不清醒。背熟的電話號碼都全部搞混了。密碼也全部混在一起。臉上搓不出泡沫才知道是牙膏。一整天頭都很暈。一天只服一次的藥不知道服了多少次。夜夜無法入眠。寫著個人資訊的便條紙也常常消失。每次閱讀小說，都因為忘記角色姓名而不得不往前翻閱。從頭到尾讀完才發現是自己曾經讀過的。在心裡默誦佛陀的九大功德時，常常會多唸或少唸。從茶館起身離開時被店員叫住，才想起自己還沒付錢。去熟悉得閉著眼睛也可以走到的地方，也要一路依循指標，不停詢問路人。頭部時常發痛。痛起來真要人命。吃什麼藥都沒有緩解。被問剛吃了什麼時頭腦都會發昏。箱子裡找出一件 Levi's 501，詢問叔伯兄弟們，他們卻說剪了商標的一定就是你的。坐了計程車才終於直接回到家裡。用牙膏洗了臉。搓不出泡沫才曉得。頭痛得讓人受不了。明明不是觀光客，走在仰光城裡面還要拿張地圖，不免淪為笑柄。到了某個地方又一時想不起為什麼要來這裡。分不清謬奈和莫奈，在電話裡跟人家說了一些有的沒的。突然從座位上站

起時差一點暈了過去。夜裡失眠，清晨才會睡著，下午天黑才能睡醒。約好的聚會常搞不清楚時間或地點。頭痛吃了不少止痛藥也不見緩解或治癒。讀過的小說又從頭讀了一遍。洗臉的時候誤用了牙膏洗臉。我的頭非常的痛，醫生。

韓林
敬上

သို့ / Dr. ဖြိုးဝေလင်း

ကျွန်တော်သွားနေကျနေရာတွေ ကျွန်တော်ပြန်မသွားတတ်တော့ဘူး ။
ညည ကျွန်တော်အိပ်မပျော်ဘူး ။ ကျွန်တော်လုံးလုံးမသိတဲ့လူတွေက
ဖက်လွဲတကင်းကြီး လာလာနှုတ်ဆက်နေကြတယ် ။ ဖိနပ်ဆိုင်မှာ ကျွန်တော့်
Size ကိုမေးကြတော့ ကျွန်တော်မဖြေနိုင်ဘူး ။ ဖိနပ်ကြိုးကိုလည်း
ကောင်းကောင်းမချည်တတ်တော့ဘူး ။ ထိုင်နေရာက ရုတ်တရက်အထ
မိုက်ခနဲဖြစ်ဖြစ်သွားတတ်တယ် ။ အိပ်ယာကနီးလာတိုင်း မကြည်မလင်ပဲ ။
အလွတ်မှတ်မိနေခဲ့တဲ့ ဖုန်းနံပါတ်တွေ အကုန်ရောထွေးကုန်ပြီ ။ Password
တွေလည်း အကုန်ရောထွေးကုန်ပြီ ။ မျက်နှာပေါ်မှာ အမြှုပ်မထွက်မှ
သွားတိုက်ဆေးတွေဖြစ်ဖြစ်နေတာ ။ တစ်နေ့ကုန် ခေါင်းမူးနေတတ်တယ် ။
တစ်နေ့တစ်ကြိမ်ဆေးကို ဘယ်နှစ်ကြိမ်မှန်းမသိ သောက်သောက်နေမိတာ ။
ညညအိပ်မပျော်ဘူး ။ ကျွန်တော့် ကိုယ်ရေးကိုယ်တာအချက်အလက်
တွေပါတဲ့ Memory Stick တွေ ခဏခဏပျောက်တယ် ။ ဝတ္ထုတွေဖတ်တိုင်း
ဇာတ်ကောင်နာမည်တွေ မမှတ်မိလို့ ရှေ့ စာမျက်နှာတွေကို ပြန်လှန်ရတယ်
။ အစအဆုံးဖတ်ပြီးသွားမှ ဖတ်ဖူးပြီးသား ဝတ္ထုထဲက ဖြစ်နေတာ ။
စိတ်ထဲကနေ ဂဏန်းတော်ပွားရင် (၉) ပါးမဟုတ်ဘဲ လိုလိုက်ပိုလိုက်
ဖြစ်နေတယ် ။ လက်ဖက်ရည်ဆိုင်ကထအပြန် စားပွဲထိုးကလှမ်းအော်မှ
ပိုက်ဆံမရှင်းရသေးမှန်း သတိရတယ် ။ မျက်စိမှိတ်ပြီး
သွားလို့ရတဲ့လမ်းတွေမှာ လမ်းညွှန် Signboard တွေကိုကြည့်ပြီး
လူတွေကိုမေးမေးပြီး သွားနေရတာ ။ ခေါင်းလည်း ခဏခဏကိုက်တယ်
။ ကိုက်ပြီဆိုလည်း တအားပဲ ။ ဘာဆေးသောက်သောက်မသက်သာဘူး
။ ဘာဟင်းနဲ့စားခဲ့လဲ မေးရင် ခေါင်းတွေမူးနောက်သွားတာ ။

သေတ္တာထဲကနေ Levi's 501 တစ်ထည်ထွက်လာတော့ ဘယ်သူ့ဟာလဲ အစ်ကိုတွေ ဦးလေးတွေကိုလိုက်မေးတော့ တံဆိပ်ဖြုတ်ထားရင် နင့်ဟာပဲ ဝိုင်းပြောကြတာ ။ Taxi ငှားလိုက်တော့မှပဲ အိမ်ကို တန်းတန်းမတ်မတ် ပြန်ရောက်သွားတယ် ။ သွားတိုက်ဆေးတွေနဲ့ မျက်နှာသစ်မိတယ် ။ အမြှုပ်မထွက်မှသိတာ ။ မခံမရပ်နိုင်လောက်အောင်ကို ခေါင်းကိုက်တယ် ။ ရန်ကုန်မြို့ထဲ Tourist လည်းမဟုတ်ဘဲ မြေပုံကြီးတကိုင်ကိုင်နဲ့ဆိုတော့ လူရယ်စရာဖြစ်နေတာ ။ တစ်နေရာရာကို ရောက်လာပြီးမှ ဘာအတွက်လာတာလဲ ချက်ချင်းစဉ်းစားမရဘူး ။ မျိုးနိုင် နဲ့ မိုးနိုင် မှားမှားပြီးတော့ မဟုတ်ကဟုတ်ကတွေ Phone ထဲကနေ သွားပြောမိတာ ။ ထိုင်နေရင်းကနေ ထလိုက်တာ မူးမွေ့လဲကျမလို ဖြစ်သွားတာ ။ ညဆိုအိပ်မပျော်တော့ နံနက်မိုးလင်းမှ အိပ်ပျော်သွားပြီး ညနေမိုးချုပ်မှ နိုးလာတယ် ။ ချိန်းထားတာတွေကို နေရာဖြစ်ဖြစ် အချိန်ဖြစ်ဖြစ် နှစ်ခုလုံးဖြစ်ဖြစ် ဝေဝေဝါးဝါးဖြစ်နေတာ ။ ခေါင်းကိုက်တာကို ခေါင်း ကိုက်ပျောက်ဆေးတွေသောက်လည်း မပျောက်ဘူး မသက်သာဘူး ။ ဖတ်ပြီးသားဝတ္ထုကြီးကို အစအဆုံးပြန်ဖတ်မိတယ် ။ မျက်နှာသစ်တာမှာ သွားတိုက်ဆေးနဲ့သစ်မိတယ် ။ ကျွန်တော် ခေါင်းတအားကိုက်နေတယ် Doctor ။ ။

လေးစားစွာဖြင့်

ဟံလင်း

事實是這個樣子 / 韓林

(請勿在家效仿，兒童不宜。)

剛從手術室出來
拉開一罐可口可樂喝下之後
烏鴉就成為了真正的孔雀。
玻璃鞋剛好合繼母家大女兒的腳。
各拿著一個 ipad，禿鷹們當然高興。

蝗蟲將螞蟻的手腳
肢解，吃下肚裡。
跟弗萊迪借來的電鋸，肢解時發出「嗞嗞」的聲音。
他們把兩座大山又放回了原地。

用槍枝指著窮人打劫
然後分給了那些富者。

說是對伏特加過敏
鴨子們全都變醜了。
布袋蓮也斷裂成碎片以後逃逸。

用夾帶進來的斧頭
襲擊了河神。

無論用什麼密碼
石洞的大門都沒有開啟。

即便下起大雨小偷也毫不慌張
仍帶著笑容藏匿在屋頂上面
從寺廟還俗的小偷
還懂得巴利文。
被鬼附身的女婿
將寺廟澆上汽油焚毀。

請不要丟桃子攻擊由塵土變成的女人
多管閒事的美國隊長被打到大腿骨折，「砰、砰」。

斷了尾巴的狐狸會追著咬斷
其他狐狸的尾巴。
生了氣以後
無論遇見什麼，螃蟹都會亂剪。
有關單位批准了繼續修建瞭望塔的工程。
不知是不是因為由緬族人開啟
箱子裡什麼都沒有。

樹上的猴肝
被鴉和驢子輪流馱走。

獅子用鉗子扯掉了兔子的鼻子。
然後才整隻烤食。
他們將狐狸用繩子綁好
再朝著牠丟葡萄。

貓將仙女們的衣服藏好
再也沒有歸還，消除了一切痕跡。
餓鬼沒有將車鑰匙放進口袋
「嚓嚓」地拿在手上給人看見。

鱷魚不小心吞下了口琴師
口琴師玩了個陪鱷魚洗澡的遊戲
還可以活著回到人間。
人們用咖哩葉煮水餵給口琴師。
像麻雀一樣被割掉舌頭
也要用肢體語言繼續敍說，夜夜。
狼把放羊的孩子也吃掉了。
巫師在設計打敗梅杜莎。
挑撥離間的母貓日落才起來幸災樂禍。

紅色的金剛戰士最後才跟著警察一起出現。

經他一吻才連魂都飛了出去。

亞當‧史密斯還在努力拿出他三星手機中的電池。

將美人蕉種子串成念珠戴在頸上的貓

跟著保鑣們一起搭乘電梯走上佛塔。

貓的靴子們還在佛塔管理委員手裡。

第 27 屆東南亞運動會的不成形貓頭鷹們 [1] 皺著眉毛

在設法丁勞 [2] 「達摩悉提」大鐘 [3]。

獅子們 [4] 倒是很高興。

晃動著膝蓋打著高爾夫。

一桿就進了洞的消息

都被刊登在日報上面，真好。

[1]：2013 年 12 月，第 27 屆東南亞運動會於緬甸奈比都舉辦，吉祥物是一對貓頭鷹。

[2]：是「打撈」的意思，作者故意寫成殘體字。

[3]：「達摩悉提」大鐘是緬甸孟族國王於 15 世紀時鑄造捐獻給仰光大金塔的大鐘，
據傳重 300 噸，是世界第一大鐘。這座大鐘在 17 世紀時被葡萄牙探險家搶走，
但是在運輸途中發生船難掉入緬甸仰光河與勃固河交界處，多年來不斷有人嘗試
打撈都沒有成功。2014 年緬甸政府又一次組織隊伍打撈大鐘，本詩所指應為這次
事件。此次打撈依然以失敗告終。

[4]：原文所說的獅子並非真的獅子，而是指緬甸佛寺外面常見的，結合了想像的獅象，
有點類似中國的麒麟。

တကယ်တမ်းက ဒီလို

(Please don't try this at home. Not good for kids.)

ခွဲစိတ်ခန်းထဲက ထွက်လာပြီးပြီးချင်း
Coca Cola တစ်ဘူး ဖောက်သောက်လိုက်တာနဲ့
ကျီးကန်းဟာ ဒေါင်းစင်စစ်ဖြစ်သွားတော့တယ် ။
ဖိနပ်က မိထွေးသမီးအကြီးမနဲ့ပဲ အတော်ပဲ ။
iPad ကိုယ်စီနဲ့ လင်းတတွေကတော့ ပျော်တာပေါ့ ။

နံကောင်ဟာ ပုရွက်ဆိတ်ရဲ့
ခြေတွေလက်တွေကို ဖြတ်ပြီးစားပစ်တယ် ။
Freddy ဆီက လွစက်ကြီးဌားလာပြီး ဖြတ်ပစ်တာ တဇွီးဇွီး ။
တောင်ကြီးနှစ်လုံးကို မူလနေရာမှာ ပြန်လာထားသွားကြတယ် ။

ဆင်းရဲသားတွေကို သေနတ်ထောက် ဒားပြတိုက်ပြီး
သူဌေးတွေကို ပေးဝေနေကျပဲ ။

Vodka နဲ့မတည့်လို့တဲ့
ဘဲတွေအကုန် ရပ်ဆိုးကုန်တယ် ။
ဗေဒါလည်း တစ်စစီစုတ်ပြတ်သတ်ပြီး လွတ်မြောက်သွားတယ် ။

ဂွက်ယူလာတဲ့ပုဆိန်နဲ့
မြစ်စောင့်နတ်ကို ကောက်ပေါက်ပစ်တယ် ။
ဘယ် password နဲ့ဖွင့်ဖွင့်
ကျောက်ဂူတံခါး မပွင့် ။

မိုးတွေရွာချလာလည်း သူခိုးအေးဆေးပဲ
တဲ့အမိုးပေါ် အပြုံးမပျက် ပုန်းလျက်
ဘုန်းကြီးကျောင်းထွက်သူခိုးဟာ
ပါဠိစကား နားလည် ။
သမက်ဟာ ဖုတ်ဝင်ပြီး
ကျောင်းကို ဓာတ်ဆီလောင်း မီးရှို့ပစ်တယ် ။

မြေမှုန့်ကဖြစ်တဲ့မိန်းမကို မက်မွန်သီးတွေနဲ့ မပေါက်ကြပါနဲ့
ဝင်လျှာရှည်တဲ့ Captain America ကို ပေါင်ကျိုးအောင်ထိုးပစ်ပြီ၊ ဒချို့ဒချို့ ။

အမြီးပြတ်တဲ့မြေခွေးဟာ ကျန်တဲ့မြေခွေးအပေါင်းရဲ့
အမြီးတွေကို လိုက်ကိုက်ဖြတ်ပစ်တယ်။
စိတ်ကောက်သွားပြီးတဲ့နောက်ပိုင်းမှာ
ညှပ်ကြီးဟာ ဘာလာလာညှပ်ပစ်တယ် ။
မျှော်စင်ကို ဆက်ဆောက်ဖို့ သက်ဆိုင်ရာက ခွင့်ပြုလိုက်တယ် ။

ပမာတွေ ဖွင့်လို့လားတော့မသိဘူး
သေတ္တာထဲမှာ ဘာဆိုဘာမှ မရှိဘူး ॥
သစ်ပင်ပေါ်က မျောက်အသည်းကို
ခင်ပုပ်တစ်လှည့် မြည်းတစ်လှည့် ပင့်ဆောင်သွားကြတယ် ॥

ခြသေ့ံဟာ ယုန်ရဲ့နာခေါင်းကို ပလာယာနဲ့ဆွဲဖြုတ်ပစ်တယ် ॥
ပြီးမှတစ်ကောင်လုံး မီးကင်စားပစ်တယ် ॥
မြေခွေးကို ကြိုးတုပ်ပြီး
စပျစ်သီးတွေနဲ့ ဝိုင်းပေါက်ကြတယ် ॥

ကြောင်ဟာ နတ်သမီးတွေရဲ့အဝတ်တွေကို ဖွက်ပြီး
ပြန်မပေးတော့ဘူး အစဖျောက်ပစ်တယ် ॥
ပိဿာက ကားသော့ကို ဘောင်းဘီအိတ်ထဲ မထည့်ဘဲ
လူမြင်အောင်ကိုင်လာတယ် တချွင်ချွင် ॥

မိကျောင်းဟာ ဘာသာဆရာကိုအမှတ်တမဲ့ မျိုချမိတယ်
ဘာသာဆရာ မိကျောင်းရေချိုးဂိမ်း ကစားလိုက်တာ
အရှင်လတ်လတ်ကြီး ပြန်ထွက်လာနိုင်တယ် ॥
ဘာသာဆရာကို ပျဉ်းတော်သိမ်ရွက်တွေ ပြုတ်တိုက်ကြတယ် ॥

စာကလေးလို လျှာအဖြတ်ခံရလည်း
ခြေဟန်လက်ဟန်နဲ့ ဆက်ပြောပြနေတုန်းပဲ ညစဉ် ။
ဝံပုလွေဟာ သုံးကျောင်းသားကိုပါကိုက်စားပစ်ပြီ ။
ခြေစုံးဟာ Medusa ကို အနိုင်ယူဖို့ ကြိုးစည်နေတယ် ။
ကုန်းချောတဲ့ကြောင်မ နေဝင်မှ လက်ခမောင်းထခတ်တယ် ။

Power Ranger အနီကောင်ကတော့ နောက်ဆုံးမှရောက်လာ ၊ ရဲတွေနဲ့အတူ ။
သူနမ်းလိုက်မှပဲ တစ်ခါတည်း အသက်ပါထွက်သွားတော့တယ် ။
Adam Smith ဟာ သူ့ Samsung ဖုန်းကို ဘဏ္ဍာရီဆွဲဖြုတ်ဖို့ ကြိုးစားနေတုန်းပဲ ။

ဗုဒ္ဓသရကၤသီးတွေကို ပုတီးလုပ်ပြီး လည်မှာဆွဲထားတဲ့ကြောင်ဟာ
ဘော်ဒီဂတ်တွေနဲ့အတူ ဓာတ်လှေကားစီးပြီး ဘုရားပေါ်တက်သွားတယ် ။
ကြောင်ရဲ့ဘွတ်ဖိနပ်တွေဟာ ဂေါပကလူကြီးလက်ထဲမှာ ။

၂၇ကြိမ်မြောက်ဆီးဂိမ်းရဲ့ ပုံမလာဇီးကွက်တွေဟာ မျက်မှောင်တွေကြုတ်ပြီး
ဓမ္မစေတီခေါင်းလောင်းကိုဆယဖို့ ကြိုးစည်ကြတယ် ။
ခြူးတွေကတော့ ပျော်တာပေါ့ ။
ဒူးတွေ ဘာတွေ နန့်ပြီး ဂေါက်ရိုက်ကြတာပေါ့ ။
တစ်ချက်တည်းကျင်းဝင်တဲ့အကြောင်းတောင်
နေ့စဉ်ထုတ်သတင်းစာတွေမှာ ဖတ်လိုက်ကြရတယ် ၊ ကောင်းထွာ ။

ဟံလင်း

書印

書印（生於一九七四年）是佛教僧侶，亦是詩人。這種組合在緬甸有源遠流長的傳統，有一些非常有名的詩人，他們同時也是佛教僧侶。

你是怎麼出家的？

我出生於實皆省（Sagain Division）的 Thazin Town。六歲的時候，母親就過世了。我在一間寺院裡讀書。十三歲的時候成為小沙彌。孩童在這個年紀才進寺廟當沙彌的狀況並不常見。這個經驗很有趣。在我家鄉的寺廟裡總共有四十位沙彌。

我接著繼續修道，十五歲的時候成為僧侶。不像許多人成為沙彌之後就還俗。現在我四十多歲了。

那麼寫詩呢？

十五歲的時候，我開始寫一些宗教性的詩，然後寫一些古典風格的十四行詩。大概在一九九七年左右，緬甸開始出現現代主義。起初，轉換到現代風格的過程對我來說，沒那麼容易。我當時仍很執著於押韻，甚至曾經認為現代主義的詩不是真正的詩。我慢慢學著接受現代詩的形式，然後十七歲的時候開始自己寫詩。不過那時我不曾發表過詩作。

作為僧侶，最大的困難是什麼？

我並不覺得有任何困難之處。我已經擁有四樣生活基本必需品：長袍、食糧、居所以及醫藥。我教書也寫作，寺院還有不少捐助者，所以對現在的生活感到滿意。

僧侶通常遠離塵世而居，但你卻身兼詩人，忙碌著入世的事。

在這兩種生活價值間取得平衡並不容易。然而就連佛祖自己也把他的開示寫成詩，嚴守詩律及注重措辭。

靈感帶來幻想，而這違背了僧侶的戒律。你怎麼處理這樣的衝突？

我在寫一些愛情詩的時候，的確會迷失在浪漫的幻想中。但我是用第三人稱寫詩，並非第一人稱。我雖然是個僧侶，但也是個普通人，所以也會有普通人類的幻想。我認為，詩意的靈感不是什麼太大的罪過。

當然，我並不像外面的詩人那般自由。不過，我把這種自由的限制當作是一個健康的挑戰。

你的其中一首詩名爲〈絆〉。你可以解釋一下這個標題的含意嗎？

絆，就是你自己與另一個特定對象之間串聯起來的線。它是一種束縛。如果你可以割捨那個束縛，你就自由了。但倘若你陷入了那個束縛之網，你將永不自由。你必須將自己從那裡解脫出來。它們事實上都是你自己繫上的羈絆。

所謂「從執著中解脫」，是佛家的思想。但我認為這個觀點其實是超越宗教的普世價值觀。

我希望我的讀者們都能身心安康，願所有人都能順緣抵達永恆真理的淨土。

絆 / 書印

切的人切
接的人接
切／接　接／切
二字間有
切者方能成
接者必定敗的
線……

သံယောဇဉ်

ဖြတ်သူက ဖြတ်
ဆက်သူက ဆက်
ဖြတ်/ဆက် ဆက်/ဖြတ်
ဒီစကား နှစ်လုံးမှာ
ဖြတ်သူသာ အောင်နိုင်ပြီး
ဆက်သူတွေ ကျရှုံးရတဲ့
ကြိုး .. ။ ။

ဆူးရင့်

師父 / 書印

是園丁所以種花
是園丁所以除草
這是最自然的
真實表演。

ဆရာ

ဥယျာဉ်မှူးမို့ ပန်းပင်စိုက်တယ်
ဥယျာဉ်မှူးမို့ ပေါင်းပင်ရှင်းတယ်
ဒါ သဘာဝကျလွန်းတဲ့
ပြကွက်အစစ်ပဲ ။ ။

ဆူးရင့်

百

百（生於一九六五年）看待詩，如同自己的生命般重要。事實上，他什麼工作也沒做，跟昂稱一樣，是這本書裡的全職詩人。許多緬甸詩人否認他們的寫作帶有政治色彩，這是很典型的狀況。主要原因是不願讓藝術淪為為政治背書。儘管他也不認為寫作必然帶有政治色彩，但他的作品卻非常尖銳的在批判政治現實，並參與政治反抗活動。

你什麼時候開始寫作？

一九八七年從機械工程學校離開之後，我就開始寫詩。當時正歷經一段政治動亂的黑暗時期。我們家吃了許多苦頭。為了生存，就在港口做扛袋子和貨物的工作維生。一九八八年民主運動的時候，我的一個朋友被射殺身亡。這些經歷驅使了我成為詩人，那年我只有二十二歲。

你什麼時候意識到自己想成為一個職業詩人？

我覺得自己像是一顆撞球，不知道接下來會被撞去何方。我歷經了好長一段黑暗歲月，什麼都看不見，慢慢地一點一點失去一切。最終幾乎一無所有，只剩一顆心。我丟了我的吉他，也不再唱歌，變得沉默。在我面前，放著一張被曬焦了的水泥袋包裝紙，和一支原子筆，它的蓋子不知道被誰扔掉了。我忍不住寫下了一些東西。

我當時不知道那就是詩。我花了好長一段時間才意識到這件事。

你是怎麼寫作的？

從二〇〇〇年起，我沒有一天不寫詩。在我老家，人們像海盜一樣拼命儲藏黃金，而我儲藏詩。有些人偶然發現了我的寶藏卻把它丟掉，有些人則如獲至寶。

有時候我會一連寫四、五首詩，我從不認為它們沒有價值或不好。它們其實就像一串葡萄從同一根樹枝長出來。

詩人們踏入詩的領域，如同訪客走入一間俱樂部。他們可能是想跳舞、喝酒，盡情玩樂。他們的意圖可能都是一樣的，但是來到這俱樂部的理由可能大不相同。

對我而言，這個社會一直不斷地催我寫作。一個詞、一個境況，任何事物都能寫成詩。特別是那些刺痛我，或是令我開心的事物。我只需要一個詞、一個環境、一個手勢或是一個聲音的刺激。然後，我就必須去填滿放在我面前的白紙。

緬甸正在改變中，這為你的寫作帶來什麼影響？

在我們的國家，像是「總統」這類的詞，仍帶有很強烈的政治色彩。要把這類詞轉化成一首詩或是一部電影，還沒那麼容易。我們還沒那麼自由。有一些人曾寫過這個詞，有的惹上麻煩，有的則沒事。

詩總是努力地去理解政治，但是政治永遠只想試圖影響或是利用詩。我們之中有些人成了厲害的政治詩人。出版與展出作品時比較需要外在社會給予自由，創作的過程就不一定。我總是愛寫什麼就寫。政治本質的改變，更給了我的心靈多一點的自由。

現在在民主政府的統治下，我有言論自由。然而現實生活中，它並不存在。在審查制度的時代，一旦他們核准了你的作品，那就是沒問題了，之後不會再有追究。然而現在，你可以自由寫作，他們則可以隨時因為你寫的東西逮捕你。

我要演講／百

我要向大家演講
像一位總統在向人民演講那樣
我要向大家演講

我要向大家演講
為了所有愛我的人
為了所有恨我的人
我要演講
為了一支從某處偷偷瞄準的槍枝
為了一頁安撫著我的經文
我要演講
在點燃著幽藍色藝術之火的大禮堂裡
我要演講
向如紳士般機靈的這個時代
向禽獸們尚未消失的這個世界
我要演講
為了閃閃發光的銅牌

為了黯淡無光的銅像
我要演講
在吉普賽人高唱著國歌走過的路上
在我生長的土地懷中，脫帽
我要演講
像一位總統在向人民演講那樣
我要將我自己如旗幟般升起
向著大家，我要演講

၆၊ မိန့်ခွန်းပြောမယ်

ငါအားလုံးကို မိန့်ခွန်းပြောမယ်
သမ္မတတစ်ယောက်က ပြည်သူတွေကို မိန့်ခွန်းပြောသလို
ငါအားလုံးကို မိန့်ခွန်းပြောမယ်

ငါအားလုံးကို မိန့်ခွန်းပြောမယ်
ငါ့ကိုချစ်ခင်တဲ့ လူအားလုံးအတွက်
ငါ့ကိုမုန်းတီးတဲ့ လူအားလုံးအတွက်
ငါမိန့်ခွန်းပြောမယ်
ငါ့ကိုတစ်နေရာကချောင်းမြောင်းနေတဲ့ သေနတ်တစ်လက်အတွက်
ငါ့ကိုပွတ်သပ်ချော့မြူနေတဲ့ ဓမ္မကျမ်းစာတစ်ရွက်အတွက်
ငါမိန့်ခွန်းပြောမယ်
အနုပညာရဲ့ မီးတောက်အပြာ ထွန်းညှိထားတဲ့ခန်းမထဲမှာ
ငါမိန့်ခွန်းပြောမယ်
လူကြီးလူကောင်းတစ်ယောက်လို ပါးနပ်တဲ့ခေတ်ကြီးကို
သားရဲတိရစ္ဆာန်နဲ့ မပျောက်သေးတဲ့ ကမ္ဘာကြီးကို
ငါမိန့်ခွန်းပြောမယ်
တောက်ပြောင်သော ကြေးထွင်းတံဆိပ်များအတွက်
မှေးမှိန်သော ကြေးသွန်းရုပ်တုများအတွက်
ငါမိန့်ခွန်းပြောမယ်

ချစ်ပဆီတွေ့ရဲ့ အဖနိုင်ငံတော်သီချင်းဆိုသွားတဲ့လမ်းမပေါ်မှာ
ဦးထုပ်ကို ချွတ်ပြီး ငါမွေးဖွားလာတဲ့ မြေရဲ့ရင်သားပေါ်မှာ
ငါမိန့်ခွန်းပြောမယ်
သမ္မတတစ်ယောက်က ပြည်သူတွေကို မိန့်ခွန်းပြောသလို
ငါ့ကိုယ်ငါအလံလိုလွှင့်တင်ရင်း
အားလုံးကို ငါမိန့်ခွန်းပြောမယ်

ပိုင်

上帝的舞廳 / 百

所有人在大廳等距站齊
似乎是前面站著的某個人，下了跳舞的命令
動起來了，手、腳、頭顱跟身體
一點偏差都沒有，讓人以為是一個整體
跳著，讓人以為這就是舞蹈似的，身心一致地跳著
跟某個領導者一起，跳著
一旦有人出錯，出錯的人就被拉出廳外
這舞廳裡任何人都不能出錯，不能不跟隨統一的舞步
跳不同的舞的人，上帝會賜予他死亡
舞廳外面，只有黑暗和叫喊的聲音
跳啊，接著跳啊，不明所以地接著跳啊

前面有人在熟練地創造舞步
依照那些舞步小心地跳
像一首冰冷黑暗、永無止盡的悲情歌曲
在有人下達停止的命令之前，跳吧
所有人聽著外面斷頭台叮叮作響的運轉聲
整齊地、不愉快地跳著
在上帝的舞廳裡。

ဘုရားသခင်ရဲ့ကပွဲခန်းမ

လူတွေအားလုံး ခန်းမထဲ အကွာအဝေးညီညီရပ်နေ
ရှေ့မှာရပ်နေတဲ့ တစ်စုံတစ်ယောက်က ကတော့လို့ အမိန့်ပေးလိုက်သလို
လှုပ်ရှားလာကြ ခြေတွေလက်တွေ ဦးခေါင်းတွေနဲ့ ကိုယ်ခန္ဓာတွေ
တစ်စက်ကလေးမှ မတိမ်းအောင် အားလုံးကိုတစ်ခုတည်းထင်ရအောင်
ကနေကြ ဒါ၊ အကပဲလို့ ထင်ရအောင် စိတ်တူလက်တူ ကခုန်နေကြ
တစ်စုံတစ်ရာသောဦးဆောင်သူအတိုင်း လိုက်ပါကခုန်နေကြ
ချွတ်ချော်မှားယွင်းမှု ဖြစ်ပေါ်တာနဲ့ အဲဒီမှားယွင်းမှုဟာ ခန်းမအပြင်ဘက်ဆွဲထုတ်သွားခံရ
ဒီကပွဲခန်းမထဲမှာ ဘယ်သူမှ မှားလို့မဖြစ်ဘူး တစ်မျိုးတည်းသောအကထဲက ခွဲထွက်လို့မရဘူး
မလိုအပ်သော အက၊ ကသူတွေကို ဘုရားသခင်က သေခြင်းကိုပေးလိမ့်မယ်
ကပွဲခန်းမအပြင်ဘက်မှာအမှောင်ထုနဲ့ အော်သံကလွဲ ဘာမှမရှိဘူး
ကကြ ဆက်ကကြ ဘာတွေဖြစ်လာဦးမယ်မှန်း မသိပဲ ဆက်ကကြ
ရှေ့မှာတစ်စုံတစ်ယောက်ဟာ ကျွမ်းကျင်စွာ ကကွက်များ ဖော်ထုတ်လို့
အဲဒီကကွက်များအတိုင်း ပေါ်ထွက်လာအောင် သတိထားပြီးကကြ
ဝမ်းနည်းဖွယ် အေးစက်မှောင်မိုက်ရှည်လျား အဆုံးမဲ့သော သီချင်းတစ်ပုဒ်အတိုင်း
တစ်စုံတစ်ဦးက ရပ်လိုက်တော့လို့ အမိန့်မပေးမချင်း ကနေကြပေတော့
လူတွေအားလုံး အပြင်ဘက်ကဓား စက်တစ်လုံးရဲ့ တဒီးဒီးလည်သံကို
နားထောင်ရင်း ညီညာစွာ မပျော်နိုင်စွာ ကနေကြ
ဘုရားသခင်ရဲ့ကပွဲခန်းမထဲမှာပေါ့။ ။

ပိုင်

孟杜恩

孟杜恩（一九九五年出生）是這本選集中最年輕的詩人。她公開書寫跟性有關的主題，文風大膽，打破了許多緬甸文化長年以來的禁忌。

你什麼時候發現，你想要成一名職業詩人？

我無意成為職業或業餘的詩人。只要我最喜歡的詩人都把我當作詩人一樣看待，就好。我寫詩是因為我喜歡詩，也喜歡寫。我從二〇一二年開始寫詩。

你都怎麼寫作？

我沒有一套固定的寫作模式。我有感覺的時候就寫。有時候，走在路上或是跟朋友出去玩，就突然有寫詩的靈感。我會盡量寫下筆記，捕捉那個感覺。

我會坐在書桌前，回想過去的所有時刻與感受，然後試著寫。大部分的時候，寫詩是一種自由寫作。我會一直寫、一直寫，直到每一個字都從我身體裡跑出來，把自己掏空為止。

那你怎麼看待重寫或修改詩？

在詩寫成的瞬間，它就已經很美了。如果你做一些潤飾、修改，它可能會變得更美，但是過度潤飾是沒用的。在詩與技藝之間應該存有一個平衡。

你可以想像沒有詩的生活嗎？

無法想像。寫詩就像在吃一頓大餐，品嘗美味的食物。這是種純然的享受。

生活在不自由的社會，對你的寫作有什麼影響？

我並不認為社會影響我的詩。我可能會寫關於不自由社會的詩，但我不會讓它控制我的語言。我不怎麼在意那些對言論自由的限制規範。

我想要依循屬於自己的規則去過生活，依循那些我為自己設定的規則。而且我準備好為自己寫的詩負責，並跟它們站在一起。

你的詩常常探討年輕女性在緬甸的生活樣貌。

我之所以書寫關於性自由的詩，其中一個原因是，以女性視角去寫這類主題的作品並不多見。身為一個女性詩人，有辦法表達身為一個女人以及身而為人的看法，我為此感到驕傲。但我不喜歡別人擅自認定我是一個女性主義詩人，或是只寫跟性有關的主題。我是女生，我的詩聽起來也像女生，這是很自然的事。

不過，我盡量不去在意別人怎麼用詩來看我。原因很簡單，因為嚴厲的批評阻礙了我自由地寫詩，我非常不喜歡那種感覺。如果因為在意批評就違背初衷，這很弱。所以現在，我打算以正面的角度看待所有負面的批評，然後把它轉化成動力，讓自己飛得更高。我同時相信，詩是我的「另一個人生」，不應該被現實生活的影響給形塑。

詩是一扇門，通向世界，通向我的自由、我的存在。這個存在的意思，就是自由及出口。怎麼說呢？我有我自己的憂鬱、情緒和悲傷。讓自己變黑暗很簡單，但是要快樂很難。那就是我寫詩的原因，我把寫詩當作一個出口，讓我從那些不能對他人訴說的事情中解放出來。每個人都有這種心情，我也有。我寫下這些心情，就是在寫詩。這跟寫日記很像。如果有什麼事情是連最親近的朋友都不能分享的話，我會將這些感受寫在詩中。

你現在在美國念書。

我主修電腦科學，副修藝術。我希望完成學業之後能夠順利拿到研究所學位，或是找到電腦科學相關的工作。這一趟離鄉背井才讓我意識到，我有多愛我的國家。

你對最近的總統大選有什麼看法？

我不是那麼擔心什麼川普王國*1。他總統任期才四年。我的國家被一個爛政府統治可是超過五十五年。

---

*1：名詞出自於美國知名紀錄片導演麥可 · 摩爾（Michael Moore）2016 年執導的電影《麥可摩爾在川普王國》（Michael Moore in TrumpLand，暫譯）。

並肩而行 / 孟杜恩

侮辱女人的
是所謂女士優先這種詞語
我們可不是酸木瓜 *2
若說七尺男兒
比高跟鞋強的話
來比力氣
在腹中懷胎十月看看
來比耐性
凡事讓我三分看看，不帶怨氣地
談到勇氣
你看過自己流血的樣子嗎？
別說一把糠 *3
水罐置膝，持杵而入
少跟我誇耀你的尼維雅止汗滾珠 *4
媽不是說還很小嗎？
給予和索取不公不平的
休想從上方和我相處

*2：原文的意思是我們可不是拿來給你們酸，給你們消遣的對象。
*3：緬甸有「即便沒有了抓一把糠、拾一根稻草的力氣，男人的慾望仍然不死」的諺語。
*4：止汗滾珠的造型，有男性雄風的性暗示意味。

掉落懸崖的時候，可沒人會來救我
粗魯殘暴在
溫柔出擊之後
衝突四起
那些催淚彈
你能收好它們，讓它們不爆炸嗎？
在打了馬賽克的電影裡
你不敢掀開的，我來掀。

လက်ရည်တပြင်တည်း

မိန်းမတွေကို စော်ကားတယ်ဆိုတာ
Ladies First ဆိုတဲ့စကားလုံး
ငါတို့က ချဉ်စော်ကားသီးမဟုတ်ဘူး
တောင်နှစ်ဆယ်ကျား
ဒေါင့်မြင့်ဖိနပ်ထက် သာတယ်ဆို
ခွန်အားအရာ
ဆယ်လလောက် လူတယောက်ကို ဗိုက်ထဲမှာ လွယ်ကြည့်စမ်းပါ
ခံနိုင်ရည် အရာ
ငါ့ကို ကျော်လာပေးပါ ဒေါ် မပါကြေးပေါ့
သတ္တိအရာ
ကိုယ်ပိုင်သွေးတွေ အံထွက်တာကို ထိုင်ကြည့်ဖူးလား
ဖွဲတစ်ဆုပ် မဟုတ်
ရေအိုးဖူးတင် ကျည်ပွေ့ဝင်
Nivea Roll On အကြောင်းလာလာမကြွားနဲ့
အမေပြောတော့ ငယ်သေးတယ်ဆို
အပေးနဲ့အယူမမျှတဲ့
အပေါ်စီးက လာမဆက်ဆံနဲ့

ချောက်ထဲ ကျရင်ကယ်မယ့်သူမရှိဘူး
အကြမ်းပတမ်းရက်စက်ခြင်းက
နူးညံ့ခြင်း တစ်ချက်ငွေ့မှာ
အမိကရုဏားတွေ သောင်းကျန်း
မျက်ရည်ယိုပုံးတွေ မပေါက်ကွဲအောင်
ဆွဲယူထိန်းသိမ်းနိုင်ရဲ့လား
အထစ်အငေါ့ရှိတဲ့ ရုပ်ရှင်မှာ
တော်မလှန်ရဲရင် ကျုပ်လှန်မယ်။

မွန်းသူအိမ်

覺杜

覺杜（生於一九五九年）曾經演過兩百多部的電影，贏過兩座緬甸奧斯卡。從演戲事業退休之後，他現在是緬甸最著名的慈善家，擔任仰光免費葬禮服務協會（the Yangon Free Funeral Service）的老闆。

跟我們談談你的人生經歷。

我父母都在電影業工作，而我成為一個事業有成的演員。政府曾經邀我去演一些文宣影片。其中一部片是在講學生拿起武器跟軍政府對戰，那是一九八八年學生抗議失敗之後的事。我不想接，所以我拒絕了。這對我的演藝事業沒有幫助，但我還是有辦法繼續做電影。

然後有一天，我孩子在暑假期間參加一個佛教文學夏令營的時候，他問了一個知名的僧侶，關於演員死後是上天堂還是下地獄。結果僧侶回答，演員會下地獄。他的解釋是，因為演員讓人哭，讓人生氣，又讓人笑，這些都是不好的行為。我嚇壞了。這件事促使我開始去參與社會義務活動及公益事務。

你是怎麼設立免費喪禮服務協會的？

其實是我的導演，吳杜卡老師起的頭。二〇〇〇年，他生病住院。同一間病房裡，一位老婦人躺在隔壁床。她也生病了。她的家人每天都來探望她，照顧她。有一天，醫生告知他們，他們應該要把祖母接回家去，因為她的病已經無法治癒了。她的家人並沒有來接她回家，而且也不再來醫院了。這位老婦人一個人孤零零地死去，最後被葬在公墓。吳杜卡老師對此非常震驚。他後來找到了那戶人家。那戶人家坦承他們的確遺棄了老祖母，因為他們太窮了，沒有錢支付她的喪葬費。

導演決定設立免費葬禮服務，幫助社會大眾，不受種族、宗教或階級歧視的限制。我們後來跟他合作，自二○○一年起至今，我們已經協助埋葬了十六萬人，平均一天四十個人。

為什麼在緬甸很多人負擔不起喪禮費用？

緬甸是東南亞最窮的國家，大多數的人都極度貧窮。傳統喪禮平均花費要七千五百元（根據二○一四年的調查），但這個價格在仰光還不包含公墓的費用，一個公墓可能還要再花兩千元。所以一場傳統喪禮及埋葬的費用加起來，至少就要九千元。這對許多人來說是天文數字。

你的慈善事業不只喪禮的服務。

我們還有一個緊急救援隊及救護車服務，在仰光幾乎沒有救護車。另外，我們經營一家免費的醫療診所，一天治療超過兩百位病患。我們還設立了一間圖書館以及提供免費教育及職業培訓的學校；並且成立了一個營隊，訓練領導力及培養各種能力。我們還有一個冥想中心。在社區，我們正在做一個垃圾處理的試點計畫。

過去的軍政府常給你找麻煩。

二○○八年五月，氣旋風暴納吉斯（Nargis Cyclone）襲擊緬甸，為伊洛瓦底江三角洲帶來嚴重災情，我們的救援隊發

揮了很大的用處。可是在那之後，軍政府竟命令我們關閉總辦公室，逼迫我們搬去一個廢棄的垃圾場。去年的學生抗議活動，我們也有提供緊急醫療服務。警察在逮捕學生的過程中，竟然砸爛了我們一台救護車。到底為什麼會有人做出這種事？

他們還禁止你演戲。

二〇〇七年番紅花運動期間，我們捐贈食物及飲水給抗議的僧侶。這是我們身為佛教徒的責任。我們被拘留了一段時間，我還被禁止演戲，我的電影也被禁止在電影院播映。

我非常生氣，但因此有機會去做更多的社會工作。我為此感到欣慰。一個演員演戲，只是為了他自己、為他的名聲及金錢。所有一切都是為了他的私心。但是我們做社會工作，是為了整個社會大眾而做，這些是仁慈的善行。我的禁演令在二〇一五年被解除了，但我已經非常少演戲。這些公益事業就讓我非常忙碌。

我熱愛我正在做的事。現在，我對生命價值有了更好的領悟，對死亡也沒有無明恐懼。

我們都在通往死亡的路上。不管你今天是富有還是貧窮，有名或無名，你都必須經歷同一條路，財富及聲望最後都帶不走。死亡，是我們無可逃避的命運。一旦我們死了，除了我

們的善行事蹟之外，什麼也不會留下。所以我們應該要在還活著的時候，盡可能地做好事。

你也是個業餘詩人。

是的，儘管不是專業人士，我偶爾還是會寫詩。這是我們文化的一部分，是我們表達情感的方式。身為一個慈善工作者及藝術家，我試著以寫詩的方式，去碰觸我們社會的心臟。

為什麼詩在緬甸文化中這麼重要？

六十年前，緬甸的經濟、衛生及社會事務方面的所有發展，都被軍政府阻斷了。他們關閉了社會的大門。許多緬甸人透過繪畫、音樂、詩，找到了打開門的方式。文化是一個有效的出口，而詩就是打開這道封閉之門的主要工具。

走自己的路 / 覺杜

做自己的事
負自己的責任
堅守自己的道德
書寫自己的歷史
就這樣

ကိုယ့်လမ်းကိုယ်သွား

ကိုယ့်အလုပ်ကိုယ်လုပ်
ကိုယ့်တာဝန်ကိုယ်ကျေ
ကိုယ့်သီလကိုယ်လုံ
ကိုယ်သမိုင်းကိုယ်ရေး
ဒါဘဲ

ကျော်သူ

山佐兌

山佐兌（生於一九七四年）是視覺及表演藝術家。他曾因為
當學生時參與政治，而坐過十四年的牢。獄中禁止作畫，他
就把別人丟掉的彩色塑膠蒐集起來，割成碎片，做成再生拼
貼藝術，讓它成為一種政治反抗。此外他還是個業餘詩人，
及幫助前政治犯與其家屬的心理創傷輔導員。

你從什麼時候開始寫詩？

大概二十一歲左右。但我當時並沒有將詩作投稿到雜誌。我只在自己的筆記本上寫詩。

一九九九年，我被捕入獄，在獄中碰到貌昂賓。他每天晚上都組織大家一起朗誦詩。我也想參與，每天都寫一首詩。做這些事讓我非常快樂。

你為什麼會被逮捕？

在講原因之前，應該要先回溯我的人生歷程。我現在四十二歲，出生於孟邦（Mon state）的椰城（Yay township）。出生之後，全家搬去土瓦（Tavoy township），然後在 Mie Gyaung Ai village 長大。這個小村莊當時深陷內戰泥沼，那裡有克倫族（Karen）武裝團體、孟族（Mon）武裝團體還有緬甸軍。緬甸軍隊來的時候，這裡常常發生武裝衝突。如果軍隊沒有出現，就換成孟族和克倫族的反叛軍來索討米、油及糧食。我們這個地方永無安寧之日。

母親先把我的三個姊妹送到仰光去學一技之長，做裁縫。其餘的家人則隨後跟進，帶著所有家當積蓄搬去仰光。一九八七年，政府讓幣值一落千丈，我們所有的積蓄一夕之間化為烏有。就這樣沒了。

這些錢可是我們很有耐心，每一天一點一滴、非常緩慢才存

到的。是誰給他們權力，不吭一聲地就把貨幣貶值？我問我父親。他只是回答：「因為他們有辦法。」沒有一句合理的解釋，讓我簡直氣炸了。他們毫無責任感可言。

我決定起來反抗政府，轉身加入緬甸學生聯盟（Burmese Student Union）。一九九八年勒當（Hledan）學生罷課抗議之後，我必須跑去躲起來，因為只要我一離開家，就會有祕密警察跟監。我躲躲藏藏地生活近一年的時間，住在上緬甸的一間寺院裡。我們編了一個理由說，因為政府關閉了學校，我們就搬去那裡賣魚乾賺錢。我不時會回到仰光跟其他政治活躍人士碰面。我們一起出版、發放政治宣傳小冊子。

後來我的好運用盡，在一九九九年參與抗議活動時被捕，被判了三十六年的刑期。二〇一二年，在總統特赦下出獄。

你在獄中碰到有名的詩人貌昂賓？

其實我在審訊中心就碰到昂賓老師了，但那時沒有機會跟他說到話。我聽說他被特種警察或是軍事情報人員毆打。我們後來在獄中相遇，那時他從牢房出來要去洗澡，他說：「我是寫詩的貌昂賓」。

爲什麼你在獄中開始創作再生藝術？

監獄禁止我們畫畫，所以我找了其他方法繞過去：我用廢棄

的塑膠材料製作拼貼。我把包裝紙、即溶咖啡外包裝，以及任何我找得到的彩色塑膠袋都剪下來，然後把它們變成藝術品。

我現在還有繼續在做這類創作，跑遍國內各地舉辦工作坊。我想鼓勵每個人，特別是創傷受害者，「即使一無所有，我們仍然可以做些什麼」。

我們緬甸有很嚴重的垃圾問題。大部分的地方到現在依然幾乎沒有，或完全沒有垃圾處理場。我一直認為，在路上亂丟垃圾，就代表一個人忽視了自己的公德心。如果可以將垃圾創作成藝術作品，這便成了一個提高道德水準的方法。這是我想藉創作傳達的訊息。

為什麼你專注於視覺藝術，而不是寫詩呢？

做拼貼占據了我所有的時間及心力。某層面來說，這是一種將語言轉化成顏色的方式。當我在創作這類藝術的時候，我就沒辦法寫詩。但是，當我對某件事有深刻體會的時候，我就寫詩。

審查制度為詩帶來什麼影響？

如果你被禁止做某事，你就必須去克服它。佛教《發趣論》（Paṭṭhāna）說，惡業也有可能引發善業。那時，我們碰到

了很多限制和障礙，我們必須努力地克服這些困境。於是，新的語詞誕生了；新的表達方式就源自於這個掙扎奮鬥的過程。

曾經歷獨裁統治的國家，由於受諸多限制之苦，藝術的表達力量都很強。

在牢裡，他們不讓我們寫詩，但我們還是會把詩寫在地板上，或是用朗誦的方式創作詩，然後把詩默記在心裡。你不可能禁止得了詩。詩永遠都在我們心中。

你對緬甸今日的改變有什麼看法？這個改變如何影響詩？

現在很多地方都在發生改變，而且改變的速度相當快。但是我發現（詩）人的特質並沒有改變。

我們現在擁有自由言論及表達想法的權利，但是每個人都需要練習。我們需要自由地表達情感，但卻不需要憤怒，或是失去對人的尊敬。

送給失敗的勝利 / 山佐兒

太過真實的謊言
他們將我
用我獲得的懊悔
一次次射擊殺死。
現在
只有我那些已經死去的願望
散佈在我的房間裡面。
他們的偽裝高級到
我都不敢說他們
非常低級
為保有尊嚴
而丟下尊嚴的狡點
為留住面子
而提前不要臉的詭計
它們
埋藏在我生命地圖中的地雷
該如何解決？

在地獄的最下層
懷抱著不確定的命運
我呆望著潛伏在天花板上的
欺騙的後背。
在背離我道德的
那些臉上
則掛著些笑臉。
這些笑臉正是
會將我和他人的友誼之橋
炸毀的，地雷
也因此我的言語
再不敢跟任何嘴巴，結識。
雖然我的腦袋知道
沉默著的整個發聲系統
都在擔心我
什麼時候發瘋
而那個認知本身

已不敢再相信任何真實。

雖然口中唸著沒有煩惱的釋迦摩尼佛祖

以普及功德

但我不過是個凡人

仍然為了所見所聞

煩惱叢生。

為使它們儘量減少

我運用了各種簾子

縮小我的視界。

我隱居在我的呼吸裡面。

不是為了尋找歡樂

是為了尋找平靜……

不是為了獲得聰敏

是為了獲得安穩……

那些欲將我用懊悔換來的教訓
變得無用的
惡意之手
為每一個狡詐念頭
給予耐心地祝福的同時
我將我自己
從身體到靈魂
都輸給了他們。

အရှုံးကို ပေးသောအောင်မြင်မှု

အမှန်လွန် မုသားတွေလေ
သူတို့က ငါ့ကို
ရပြီးသား နောင်တတွေနဲ့
ပြန်ပြန် ပစ်ခတ် သတ်ဖြတ်ခဲ့ကြ ။
ခုတော့
ငါ့မျှော်လင့်ချက်အသေတွေပဲ
ငါ့ အခန်းထဲ ပြန့်ကျဲ ။
သိပ်အောက်တန်းကျတယ်လို့
ငါမပြောရဲလောက်အောင်
သူတို့ဟန်ဆောင်မှုက အဆင့်မြင့်တယ်
သိက္ခာရှိချင်လို့
သိက္ခာမဲ့လိုက်တဲ့ ကောက်ကျစ်မှုများ
အရှက်မကွဲချင်လို့
ကြိုတင် အရှက်ခွဲလိုက်ကြတဲ့ လုပ်ကြံမှုများ
အဲဒါတွေနဲ့
ငါ့ဘဝမြေပုံထဲ မြှုပ်ထားကြတဲ့ မိုင်းပုံးတွေ
ငါ ဘယ်လိုဖြေရှင်းရမလဲ။
ငါ့ ရဲ့အောက်ထပ်မှာ
မရေရာတဲ့ ကံကြမ္မာကို ပိုက်ပြီး

မျက်နှာကျက်မှာ ကပ်နေတဲ့ လှည့်စားခြင်း
ကျောပြင်ကို ငါငေးမိတယ်။
ငါ့သီလကို ကျောခိုင်းထားတဲ့
အဲ့ဒီမျက်နှာတွေမှာတော့
ရှိသဲ့သဲ့ပြုံးလို့။
ဒီအပြုံးက
ငါနဲ့ တခြားလူတွေရဲ့ ခင်မင်မှုတံတားကို
ဖောက်ခွဲဦးမယ်ဆိုတဲ့ ဗုံး
ဒါကြောင့်ပဲ ငါ့စကားလုံးတွေ
ဘယ်ပါးစပ်နဲ့မှ မိတ်မဖွဲ့ရဲတော့ဘူး။
တိတ်ဆိတ်နေတဲ့ အသံဖြစ် အင်္ဂါတစ်စုံလုံးက
ငါဘယ်အချိန် ရူးသွားမလဲလို့
စိုးရိမ်နေကြတာကို
ငါ့ဦးနှောက်က သိနေပေမယ်
အဲ့ဒီ အသိတရားကိုယ်တိုင်က

ဘယ်အမှန်ကိုမှ မယုံရဲတော့ဘူး။
ကိလေသာ ကင်းတော်မူသော မြတ်စွာဘုရား လို့
ဂုဏ်တော်ပွားနေပေမယ့်
ငါက သာမန်လူသား
ကြုံသမျှ ကြားသမျှကို
ကိလေသာ ပွားတုန်း။
အဲဒါတွေကို
နည်းမှနည်းပါစေတော့ဆိုပြီး
အမြင်အာရုံကို ချုံ့ဖို့
လိုက်ကာတွေကို ငါသုံးခဲ့တယ်။
ငါ့နာခေါင်းလေထဲ ငါဂုအောင်းနေခဲ့တယ်။
အပျော်ရှာဖို့ မဟုတ်ဘူး
အေးချမ်းမှုကို ရှာဖို့.....
ထက်မြက်မှုကို လိုချင်လို့ မဟုတ်ဘူး
တည်ငြိမ်မှုကို လိုချင်လို့.....
နောင်တနဲ့ ရင်းယူထားတဲ့
ငါ့သင်ခန်းစာရဲ့ အဖြေကို
အသုံးမဝင်အောင် လုပ်ကြမယ်ဆိုတဲ့
မလိုတမာလက်တွေ

စဉ်းလဲမှု တခုချင်းစီအတွက်
သည်းခံမှု မေတ္တာတွေပို့လွှတ်ရင်း
ရုပ်ခန္ဓာအစ ဝိညာဉ်အဆုံး
ငါအရှုံးပေးထားလိုက်တယ်။

၁၅ - ၂ - ၂၀၀၈
တောင်ကြီးထောင်

စန်းဇော်ထွေး

山佐兒　စန်းဇော်ထွေး

（1974~2017）

在《緬甸詩人的故事書》完成前夕，山佐兌因為服刑期間的癌症惡化，離開監獄後仍於二○一七年十二月不幸逝世。謹以此書的完成，紀念他動人的詩歌及藝術創作。

緬甸詩人的故事書 / 編後記

在我的成長經驗裡，詩人通常是充滿光環的。他們是憂國憂民的知識分子，死了以後被寫進史書、甚至被祭拜的聖人。國中的時候，老師看到我隨手寫在課本裡的字句，就給了我一本詩集。這本詩集讀起來一點也不神聖，反而很神祕，因為沒有一個句子看得懂。雖然如此，我花了好幾個午休及下課時間反覆翻閱，竟漸漸得到無法言喻的樂趣。回想這段經驗，才明白那是帶領我離開升學壓力、一成不變的生活，名為「自由」的狀態。

後來我知道，那些詩必須寫得神祕。這是成長於解嚴後的我，難以碰觸的恐懼。戒嚴時期讓詩人們刻意使用華麗的技巧，躲避審查的艱澀語彙，在解嚴多年後，部分作品依然傳遞了政治以外的文學價值。雖然對詩人來說，政治與現實的經歷往往只是過程，彷彿再嚴酷的政治問題都只是他們無法抹滅的人生經驗。因此有自覺的創作者，並不會刻意強調政治所帶來的苦難，往往在不同階段以輕鬆的自嘲，或嚴肅的宣告自己的詩「沒那麼政治」，堅稱詩的完整性不必然受到政治現實等外力影響。但幾乎每個讀者都明白，作者的宣示僅供參考。一首詩被發表後，就擁有自己獨立的命運，儘管身為作者依舊無法干預。因此我認為，每一首詩都具有多重的意

義，每一個人都可以介入並詮釋。文學應該具備這樣的自由與開放精神，透過各種討論及觀點陳述，使詩意不侷限於一首詩裡，讓文學的想像激發更多作品。

《緬甸詩人的故事書》最初是一部紀錄片，後來導演及電影團隊們，決定將影片無法完整呈現的部分訴諸出版。從影像到出版品，再透過翻譯成其它的語言，被更多的讀者以不同的角度檢視。以編輯的立場，希望這本書不是踩在道德的高度去「教育」不夠民主的人，而是「溝通」的橋樑，這也是為什麼必須做成緬／中雙語的對照版。希望這對讀詩的人而言，能夠不受限於「被翻譯」的語言，在無法轉譯的狀況下也提供註腳補充，只要能力允許都能對照原文加以討論。我們希望《緬甸詩人的故事書》是一本完整的、足以獨立於電影或政治議題，依舊能讓臺灣讀者感受閱讀樂趣的書，因此不管你對電影、文學或緬甸的當代文化是否熟悉，都可以透過導讀與詩人們的故事產生共鳴。除了近年能見度逐漸拉高的東南亞歷史與政治討論，或許《緬甸詩人的故事書》是個開端，也提供文學愛好者們不同的選擇。

感謝導演佩特‧洛姆（Petr Lom）、柯琳‧馮‧艾禾拉特

（Corinne van Egeraat）及《緬甸詩人的故事書》電影團隊，身為計畫的核心成員不僅拍攝這部優秀的作品，同樣催生了中譯本的誕生。這本書的攝影 Dana Lixenberg 捕捉了詩人們的神韻，穿透電影及出版品、不同語言的限制，很榮幸能在這本書完整呈現他的創作。謝謝東華大學民族與文化學系的傅可恩副教授，若不是他於二〇一七年臺灣國際民族誌影展推介此片，臺灣的讀者極有可能就此錯過。在製作的過程中，語言的轉譯一直是最大的問題，加上所有的詩都是從緬文直譯，特別感謝譯者罕麗姝小姐，她不僅完成了翻譯的工作，也提供許多重要的註腳，提供讀者們參考。她同時是我們的緬語顧問、校對，盡可能避免編輯上的錯誤。謝謝英文譯者廖珮杏，除了翻譯訪談的部分，也協助編輯團隊與導演的溝通，與劉維人先生一起扮演重要的協力角色，讓《緬甸詩人的故事書》得以如期出版。

在製作期間，我有幸認識許多優秀的同業，他們也給予了不少的寶貴意見。謝謝國立暨南大學東南亞學系助理教授趙中麒老師的專業導讀，及獨立撰稿人翁婉瑩熱心分享緬甸時事，與她動人的導讀文章。每一位推薦人的大力支持，都讓《緬甸詩人的故事書》更加完整，由衷希望它能帶領讀者們改變閱讀視野，繼而追求屬於你的自由。

綠蠹魚 YLP18

緬甸詩人的故事書

編　　者　佩特・洛姆，柯琳・馮・艾禾拉特，欽昂埃
譯　　者　罕麗姝、廖珮杏
翻譯顧問　劉維人
緬文校對　罕麗姝
攝　　影　Dana Lixenberg
責任編輯　沈嘉悅
編輯協力　鄭雪如
美術設計　職日設計

發 行 人　王榮文
出版發行　遠流出版事業股份有限公司
　　　　　100 臺北市南昌路二段 81 號 6 樓
　　　　　電話　(02)2392-6899
　　　　　傳真　(02)2392-6658
　　　　　郵撥　0189456-1
　　　　　著作權顧問　蕭雄淋律師

2018 年 5 月 1 日 初版一刷
售價新臺幣 350 元（如有缺頁或破損，請寄回更換）
有著作權 · 侵害必究　Printed in Taiwan
ISBN　978-957-32-8252-5

遠流博識網　www.ylib.com　E-mail: ylib@ylib.com
遠 流 粉 絲 團　www.facebook.com/ylibfans

國家圖書館出版品預行編目（CIP）資料

緬甸詩人的故事書 | 佩特・洛姆，柯琳・馮・艾禾拉特，欽昂埃
特編；罕麗姝，廖珮杏譯 . ─ 初版 . ─ 臺北市：遠流，2018.05
288 面；14.8×21 公分 . ─（綠蠹魚；YLP18）譯自：Burma Storybook
ISBN 978-957-32-8252-5（平裝）　 1. 作家 2. 傳記 3. 緬甸　　783.812　　107004526